PUTAIN

NELLY ARCAN

PUTAIN

récit

ÉDITIONS DU SEUIL
*27, rue Jacob, Paris VI*ᵉ

L'ÉDITION DE CET OUVRAGE A ÉTÉ ASSURÉE
PAR FRANÇOISE BLAISE.

ISBN : 2-02-050041-8

© Éditions du Seuil, septembre 2001

www.seuil.com

Je n'ai pas l'habitude de m'adresser aux autres lorsque je parle, voilà pourquoi il n'y a rien qui puisse m'arrêter, d'ailleurs que puis-je vous dire sans vous affoler, que je suis née dans un village de campagne à la lisière du Maine, que j'ai reçu une éducation religieuse, que mes professeurs étaient toutes religieuses, des femmes sèches et exaltées devant le sacrifice qu'elles faisaient de leur vie, des femmes que je devais appeler mères et qui portaient un faux nom qu'elles devaient d'abord se choisir, sœur Jeanne pour Julie et sœur Anne pour Andrée, des sœurs-mères qui m'ont enseigné l'impuissance des parents à nommer leurs enfants, à les définir adéquatement auprès de Dieu, et que voudriez-vous savoir de plus, que j'étais somme toute normale, plutôt douée pour les études, que dans cette campagne de fervents catholiques où j'ai grandi on renvoie les schizophrènes aux prêtres pour qu'on les soigne par exorcismes, que la vie y est très belle lorsqu'on se contente de peu, lorsqu'on a la foi ? Et quoi encore, que j'ai joué du piano pendant douze ans et que j'ai voulu comme tout le monde quitter la campagne pour habiter la ville, que depuis je n'ai plus joué une note et que je me suis retrouvée serveuse de bar, que je me suis faite putain pour renier tout ce

7

qui jusque-là m'avait définie, pour prouver aux autres qu'on pouvait simultanément poursuivre des études, se vouloir écrivain, espérer un avenir et se dilapider ici et là, se sacrifier comme l'ont si bien fait les sœurs de mon école primaire pour servir leur congrégation ?

Je rêve parfois la nuit de mon école primaire, j'y retourne chaque fois pour mes examens de piano et c'est chaque fois la même chose, je ne retrouve pas mon piano et il manque une page à ma partition, j'y retourne avec la conscience de n'avoir pas joué une note depuis des années et qu'il est ridicule de se retrouver là à mon âge, comme si de rien n'était, et quelque chose me dit qu'il vaudrait mieux faire demi-tour pour éviter l'humiliation de ne plus savoir jouer devant la mère supérieure, que de toute évidence elle s'en fout que je joue ou pas car il y a longtemps qu'elle sait que je ne serai jamais pianiste, que je ne ferai jamais que pianoter, et dans cette petite école en briques rouges où chaque raclement de gorge tonne dans tous les coins, il fallait se mettre en rangs pour se déplacer d'une classe à l'autre, les plus petits devant et les plus grands derrière, il fallait que je sois la plus petite, je ne sais pas pourquoi mais tel était le mot d'ordre, être la plus petite pour prendre les devants, pour n'être pas coincée au milieu, entre les plus petits et les plus grands, et lorsque à la rentrée venait le temps pour la sœur d'établir l'ordre dans lequel nous allions défiler pendant l'année, je pliais les genoux sous ma robe pour plus de sûreté, car si j'étais petite je n'étais sans doute pas la plus petite, il fallait en mettre un peu, réduire encore ma taille pour m'assurer cette place de choix, et puis je n'aimais pas les adultes, un

seul mot d'eux suffisait pour me faire pleurer, voilà
pourquoi je voulais n'avoir affaire qu'à leurs ventres,
parce que les ventres ne parlent pas, ne demandent rien,
surtout les ventres des sœurs, ballons tout ronds qu'on
a tout de suite envie de faire rebondir d'un coup de
poing. Et aujourd'hui je me suis bien sortie de ce besoin
d'être petite, j'ai même porté pendant plusieurs années
des souliers plate-forme pour me grandir, mais pas trop,
juste assez pour regarder mes clients en face.

À bien y penser, j'ai eu trop de mères, trop de ces
modèles de dévotes réduites à un nom de remplace-
ment, et peut-être après tout qu'elles n'y croyaient pas à
leur Dieu si assoiffé de noms, enfin pas jusqu'au bout,
peut-être cherchaient-elles simplement un prétexte pour
se détacher de leur famille, pour se dégager de l'acte qui
leur a fait voir le jour comme si Dieu ne savait pas
qu'elles venaient de là, d'un père et d'une mère, comme
s'il ne pouvait pas voir ce qu'elles tentaient de cacher
derrière leur Jeanne et leur Anne, ce nom malencontreu-
sement choisi par les parents, j'ai eu trop de ces mères-
là et pas assez de la mienne, ma mère qui ne m'appelait
pas car elle avait trop à dormir, ma mère qui dans son
sommeil a laissé mon père se charger de moi.

Je me souviens de la forme de son corps sous les
draps et de sa tête qui ne sortait qu'à moitié comme un
chat en boule sur l'oreiller, un débris de mère qui s'apla-
nissait lentement, il n'y avait là que ses cheveux pour
indiquer sa présence, pour la différencier des draps qui
la recouvraient, et cette période de cheveux a duré des
années, trois ou quatre ans peut-être, enfin il me semble,

ce fut pour moi la période de la Belle au bois dormant, ma mère s'offrait là une vieillesse souterraine alors que je n'étais plus tout à fait une enfant ni encore une adolescente, alors que j'étais suspendue dans cette zone intermédiaire où les cheveux commencent à changer de couleur, où poussent sans prévenir deux ou trois poils noirs dans le duvet doré du pubis, et je savais qu'elle ne dormait pas complètement, qu'à moitié, on le voyait dans sa façon d'être raide sous les draps trop bleus, trop carrés dans sa chambre trop ensoleillée, les quatre grandes fenêtres qui entouraient son lit et qui jetaient sur sa tête des faisceaux lumineux, rectilignes, et dites-moi, comment peut-on dormir avec des rais de lumière sur la tête et à quoi sert-il d'avoir tant de soleil dans sa chambre lorsqu'on dort ? On voyait bien qu'elle ne dormait pas dans sa façon de bouger par à-coups, de gémir sans prévenir pour une raison inconnue, cachée avec elle sous les draps.

Et puis il y avait mon père qui ne dormait pas et qui croyait en Dieu, d'ailleurs il ne faisait que ça, croire en Dieu, prier Dieu, parler de Dieu, prévoir le pire pour tous et se préparer pour le Jugement dernier, dénoncer les hommes à l'heure des nouvelles pendant le souper, pendant que le tiers-monde meurt de faim disait-il chaque fois, quelle honte de vivre ici si facilement, si grassement, il y avait donc mon père que j'ai aimé et qui m'a aimée en retour, il m'a aimée pour deux, pour trois, il m'a tellement aimée que l'amour-propre aurait été de trop, ingrat devant ce jet qui me parvenait de l'extérieur, heureusement qu'il y avait Dieu et le tiers-monde pour me protéger de lui, pour canaliser ses forces ailleurs, *dans l'espace lointain du paradis, et un dimanche où nous étions à l'église, assis tous les deux sur un banc de bois alors que ma mère était alitée, lui et moi sur un banc de la première rangée à regarder la lumière du jour qui traversait les vitraux et qui obliquait sur l'autel, en faisceaux toujours aussi rectilignes, j'ai gardé l'hostie dans mes mains alors que j'aurais dû l'avaler, elle s'est retrouvée dans ma poche pour se retrouver ensuite dans ma chambre, entre les pages d'un livre que je cachais sous mon lit, et chaque soir j'ouvrais le livre pour m'assurer qu'elle était encore là, petit rond blanc et fragile que je soupçonnais de ne rien contenir du tout, pourquoi Dieu s'abaisserait-il à résider là-dedans, quel aplanissement, et le dimanche suivant, avant de partir pour la messe, je l'ai montrée à mon père pour faire de lui mon complice, regarde papa ce que j'ai fait, regarde bien ce que je n'ai pas fait, et je vous jure qu'il m'a presque frappée, c'est un sacrilège m'a-t-il dit, et ce jour-là j'ai compris que je pouvais être du côté des hommes, de ceux qu'il faut dénoncer, j'ai compris qu'il me fallait y rester.*

Et puis j'ai une sœur, une grande sœur que je n'ai jamais connue car elle est morte un an avant ma naissance, elle s'appelait Cynthia et n'a jamais eu de vraie personnalité parce qu'elle est morte trop jeune, enfin c'est ce que mon père a toujours dit, qu'à huit mois on ne peut pas avoir de vraie personnalité, il faut du temps pour que se développent des particularités, une façon qu'à soi de sourire et de dire maman, il faut au moins quatre ou cinq ans pour que se fasse sentir l'influence des parents, pour crier à son tour dans la cour d'école, crier comme eux pour avoir le dernier mot, ma sœur est morte depuis toujours mais elle flotte encore au-dessus de la table familiale, elle a grandi là sans qu'on en parle et s'est installée dans le silence de nos repas, elle est le tiers-monde de mon père, ma sœur aînée qui a pris le relais de tout ce que je ne suis pas devenue, sa mort lui a tout permis, rendant possibles tous les avenirs, oui, elle aurait pu être ceci ou cela, médecin ou cantatrice, la plus belle femme du village, elle aurait pu devenir tout ce qu'on veut car elle est morte si jeune, intacte de toute marque qui l'aurait définie dans un sens ou dans l'autre, morte sans goût ni attitude, et si elle avait vécu je ne serais pas née, voilà ce qu'il m'a fallu conclure, que c'est sa mort qui m'a donné la vie, mais si par miracle nous avions toutes deux survécu au projet de mes parents de n'avoir qu'un seul enfant, il est certain que je lui aurais ressemblé, j'aurais été comme elle parce qu'elle aurait été la plus grande, parce qu'un an suffit pour établir un ordre de grandeur. Je ne parle jamais de Cynthia car il n'y a rien à en dire mais je lui ai pris son nom comme nom de putain et ce n'est pas pour rien, chaque fois qu'un client me nomme, c'est elle qu'il rappelle d'entre les mortes.

Ensuite il y a eu ma vie, celle qui n'a rien à voir avec tout ça, avec ma mère, mon père ou ma sœur, il y a eu une adolescence de copines et de musique, de peines d'amour et de coupes de cheveux dernier cri, de crises de larmes devant le résultat et de peurs d'avoir ceci trop gros, cela trop petit, d'avoir une amie plus jolie que soi, il y a eu dix ans d'agitation qui m'ont conduite au début de l'âge adulte, il y a eu la grande ville et l'université.

Pour la première fois de ma vie, je me retrouvais seule dans un appartement avec une chatte siamoise que mes parents m'avaient offerte pour que je ne souffre pas de la solitude, pour qu'on puisse s'accommoder l'une de l'autre pensaient-ils sans doute, partager le même lit et développer des habitudes, former un écosystème de caresses et de petits besoins, elle était le seul élément stable d'un univers pressant de nouveautés, sa constance ensommeillée m'a fait comprendre qu'on pouvait souffrir d'un excès de possibilités, d'un trop grand nombre de correspondances à prendre dans le métro, elle s'appelait Zazou et avait des yeux bleus qui louchaient et qui n'en paraissaient que plus bleus, bleus comme les miens, Zazou que je frappais à tout propos pour l'unique raison qu'elle se trouvait là, sur mon chemin, et mon père avait pris soin de placer un crucifix dans chaque pièce de l'appartement qu'il avait d'abord pris soin de faire bénir, c'est très important que les crucifix soient bénis disait-il, car s'ils ne le sont pas ils risquent de se vider de Dieu et de devenir des carcasses, trop de gens portent la croix sans y croire, ils portent la croix dans un but esthétique parce que aujourd'hui on ne pense qu'à l'embellissement des choses, des voitures et de la religion, et si mon père a posé des crucifix sur les murs de mon appartement, c'était surtout pour continuer à assurer une surveillance sur moi et informer les visiteurs de sa présence, rien ne sera dit que je n'entende, rien ne sera fait que je ne voie, par ce corps émacié du Christ, et moi je n'ai jamais compris qu'on puisse avoir un mort pour dieu.

Mon père n'a jamais cessé de dire son horreur de la grande ville car il y a trop à dénoncer, les putains et les

homosexuels, *les gens riches et célèbres, il y a l'écono-*
mie qui bat son plein et la loi du plus fort, le désastre de
ce qui n'est plus discernable, la cacophonie des langues
et de l'architecture, la boue du printemps et la laideur
des constructions modernes, et comment est-il possible
qu'une façade d'église puisse tenir lieu d'entrée d'une
université s'indignait-il comme si j'avais quelque chose
à voir là-dedans, une église tronquée comme les crucifix
non bénis, vidée de Dieu, et comment se fait-il que les
pavillons de l'université débouchent sur des peep shows,
où s'en va-t-on s'il n'y a qu'un pas à faire entre l'édu-
cation et la prostitution ? Et c'est vrai, scientifiquement
démontrable, une façade d'église donne accès à un
pavillon où j'avais la plupart de mes cours, une façade
conservée et restaurée pour le patrimoine, parce que ça
fait joli, et bien des fenêtres des salles de cours donnent
sur des bars de danseuses nues, sur les néons roses
de la féminité, j'ai passé des cours entiers à plonger sur
la masse des travailleuses du sexe, quelle trouvaille que
cette appellation, on y sent la reconnaissance des autres
pour le plus vieux des métiers du monde, pour la plus
vieille des fonctions sociales, j'aime l'idée qu'on puisse
travailler le sexe comme on travaille une pâte, que le
plaisir soit un labeur, qu'il puisse s'arracher, exiger des
efforts et mériter un salaire, des restrictions et des stan-
dards. Et il n'y avait là rien qui clochait pour la masse
des étudiants dans cette cohabitation avec les putains,
voilà le plus frappant, on s'habitue vite aux choses lors-
qu'on ne peut y échapper, lorsqu'elles débordent depuis
l'autre côté de la rue pour recouvrir nos notes de cours,
mais cette proximité a eu des effets sur moi, elle m'a fait
basculer de l'autre côté de la rue, dites-moi comment

une théorie aurait pu tenir devant tant de plaisirs ? De toute façon, personne ne me connaissait et le printemps allait bon train, il est toujours impérieux d'agir au printemps, de se mettre la corde au cou, l'occasion se présentait donc de me dévêtir de ma campagne et j'en étais ravie.

Il a été facile de me prostituer car j'ai toujours su que j'appartenais à d'autres, à une communauté qui se chargerait de me trouver un nom, de réguler les entrées et les sorties, de me donner un maître qui me dirait ce que je devais faire et comment, ce que je devais dire et taire, j'ai toujours su être la plus petite, la plus bandante, et à ce moment, je travaillais déjà dans un bar comme serveuse, il y avait déjà les putains d'un côté et les clients de l'autre, des clients qui m'offraient un peu plus de pourboire qu'il ne m'en fallait et qui m'obligeaient à leur accorder un peu plus d'attention qu'il ne leur en fallait, une ambiguïté s'est installée tout doucement, naturellement, ils ont joué de moi et moi d'eux plusieurs mois avant de me résoudre à aller vers ce à quoi je me sentais si fort poussée, et lorsque j'y repense aujourd'hui, il me semble que je n'avais pas le choix, qu'on m'avait déjà consacrée putain, que j'étais déjà putain avant de l'être, il m'a suffi de feuilleter le quotidien anglophone la Gazette *pour trouver la page des agences d'escortes, il m'a suffi de prendre le téléphone et de composer un numéro, celui de la plus importante agence de Montréal, et selon ce que disait l'annonce l'agence n'engageait que les meilleures escortes et n'admettait que la meilleure clientèle, c'est dire que se retrouvaient là les plus jeunes femmes et les hommes les plus riches, la richesse des hommes est toujours allée de pair avec la jeunesse des femmes, c'est bien connu, et comme j'étais très jeune je fus admise avec empressement, on est venu me cueillir chez moi pour me déposer aussitôt dans une chambre où j'ai reçu cinq ou six clients de suite, les débutantes sont toujours très populaires m'ont-ils expliqué, elles n'ont même pas besoin d'être jolies, il m'a suffi d'une seule journée dans cette chambre pour avoir l'impression d'avoir fait ça toute ma vie. J'ai vieilli d'un seul coup mais j'ai aussi gagné beaucoup d'argent, je me suis fait des amies avec lesquelles la complicité était possible et même redoutable car elle trouvait sa source dans une haine commune, la haine des clients, mais dès que nous sortions du cadre de la prostitution, nous redevenions des femmes normales, sociales, des ennemies.*

Et je me suis mise à vieillir à toute allure, il me fallait faire quelque chose pour ne pas rester ainsi agenouillée dans la succession des clients, dans cette chambre où je passais tout mon temps, et puis j'étais en analyse avec un homme qui ne parlait pas, quelle idée d'ailleurs d'avoir voulu m'étendre là, sur un divan alors que toute la journée il me fallait m'allonger dans un lit avec des hommes qui devaient avoir son âge, des hommes qui auraient pu être mon père, et comme cette analyse ne menait nulle part, comme je n'arrivais pas à parler, muselée par le silence de l'homme et par la crainte de ne pas bien dire ce que j'avais à dire, j'ai voulu en finir avec lui et écrire ce que j'avais tu si fort, dire enfin ce qui se cachait derrière l'exigence de séduire qui ne voulait pas me lâcher et qui m'a jetée dans l'excès de la

16

prostitution, exigence d'être ce qui est attendu par l'autre, et si le besoin de plaire l'emporte toujours lorsque j'écris, c'est qu'il faut bien revêtir de mots ce qui se tient là-derrière et que quelques mots suffisent pour être lus par les autres, pour n'être pas les bons mots. Ce dont je devais venir à bout n'a fait que prendre plus de force à mesure que j'écrivais, ce qui devait se dénouer s'est resserré toujours plus jusqu'à ce que le nœud prenne toute la place, nœud duquel a émergé la matière première de mon écriture, inépuisable et aliénée, ma lutte pour survivre entre une mère qui dort et un père qui attend la fin du monde.

Voilà pourquoi ce livre est tout entier construit par associations, d'où le ressassement et l'absence de progression, d'où sa dimension scandaleusement intime. Les mots n'ont que l'espace de ma tête pour défiler et ils sont peu nombreux, que mon père, ma mère et le fantôme de ma sœur, que la multitude de mes clients qu'il me faut réduire à une seule queue pour ne pas m'y perdre. Mais s'il fait appel à ce qu'il y a en moi de plus intime, il y a aussi de l'universel, quelque chose d'archaïque et d'envahissant, ne sommes-nous pas tous piégés par deux ou trois figures, deux ou trois tyrannies se combinant, se répétant et surgissant partout, là où elles n'ont rien à faire, là où on n'en veut pas?

On dit souvent que ma hantise des femmes est vexante, que c'est toujours la même rengaine, pourquoi ne pas leur sourire gentiment et les applaudir lorsqu'elles parviennent à faire bander des masses, ne suis-je pas une femme moi-même, une putain de surcroît, ne puis-je pas

17

leur donner une chance ? C'est vrai, je suis la preuve que la misogynie n'est pas qu'une affaire d'hommes, et si je les appelle larves, schtroumpfettes, putains, c'est surtout qu'elles me font peur, parce qu'elles ne veulent pas de mon sexe et qu'il n'y a rien d'autre que je puisse leur offrir, parce qu'elles ne viennent jamais sans la menace de me renvoyer à ma place, dans les rangs, là où je ne veux pas être. Et si je n'aime pas ce que les femmes écrivent, c'est que les lire me donne l'impression de m'entendre parler, parce qu'elles n'arrivent pas à me distraire de moi-même, peut-être suis-je trop près d'elles pour leur reconnaître quelque chose qui leur soit propre et qui ne soit pas immédiatement détestable, qui ne me soit pas d'emblée attribuable. Et puis je les envie de pouvoir se dire écrivains, j'aimerais les penser toutes pareilles, les penser comme je me pense, en schtroumpfette, en putain.

Mais ne vous en faites pas pour moi, j'écrirai jusqu'à grandir enfin, jusqu'à rejoindre celles que je n'ose pas lire.

Oui, la vie m'a traversée, je n'ai pas rêvé, ces hommes, des milliers, dans mon lit, dans ma bouche, je n'ai rien inventé de leur sperme sur moi, sur ma figure, dans mes yeux, j'ai tout vu et ça continue encore, tous les jours ou presque, des bouts d'homme, leur queue seulement, des bouts de queue qui s'émeuvent pour je ne sais quoi car ce n'est pas de moi qu'ils bandent, ça n'a jamais été de moi, c'est de ma putasserie, du fait que je suis là pour ça, les sucer, les sucer encore, ces queues qui s'enfilent les unes aux autres comme si j'allais les vider sans retour, faire sortir d'elles une fois pour toutes ce qu'elles ont à dire, et puis de toute façon je ne suis pour rien dans ces épanchements, ça pourrait être une autre, même pas une putain mais une poupée d'air, une parcelle d'image cristallisée, le point de fuite d'une bouche qui s'ouvre sur eux tandis qu'ils jouissent de l'idée qu'ils se font de ce qui fait jouir, tandis qu'ils s'affolent dans les draps en faisant apparaître çà et là un visage grimaçant, des mamelons durcis, une fente trempée et agitée de spasmes, tandis qu'ils tentent de croire que ces bouts de femme leur sont destinées et qu'ils sont les seuls à savoir les faire parler, les seuls à pouvoir les faire plier sous le désir qu'ils ont de les voir plier.

19

Et ce n'est pas ma vie qui m'anime, c'est celle des autres, toujours, chaque fois que mon corps se met en mouvement, un autre l'a ordonné, l'a secoué, un autre a exigé de moi de prendre le pli, agenouillé en petit chien ou béant sur le dos, mon corps réduit à un lieu de résonance, et les sons qui sortent de ma bouche ne sont pas les miens, je le sais car ils répondent à une attente, au souhait de ma voix qui bande, de ma fente rendue audible pour que des queues s'y abîment, pour qu'elles se perdent dans mes gémissements de chienne lâchés exprès dans le creux d'une oreille, et j'ai parfois du plaisir, je ne peux pas dire le contraire, j'en ai toujours lorsque ma voix parvient à me convaincre, lorsque dans mes cris percent çà et là du naturel, du spontané, un chant qui croise quelque chose comme un coup bien placé, une pensée au bon moment, l'impression d'être là pour de vrai, pour de bon, pour mes pères, mes professeurs, mes incarnations du savoir-pourquoi-faire-vivre, d'être là pour la jouissance de mes prophètes qui traverse mon corps de putain et qui me rend la mienne.

Et je ne saurais pas dire ce qu'ils voient lorsqu'ils me voient, ces hommes, je le cherche dans le miroir tous les jours sans le trouver, et ce qu'ils voient n'est pas moi, ce ne peut pas être moi, ce ne peut être qu'une autre, une vague forme changeante qui prend la couleur des murs, et je ne sais pas davantage si je suis belle ni à quel degré, si je suis encore jeune ou déjà trop vieille, on me voit sans doute comme on voit une femme, au sens fort, avec des seins présents, des courbes et un talent pour baisser les yeux, mais une femme n'est jamais une femme que comparée à une autre, une femme parmi d'autres, c'est donc toute une armée de femmes qu'ils baisent lorsqu'ils me baisent, c'est dans cet étalage de femmes que je me perds, que je trouve ma place de femme perdue.

Et pendant ce temps de me donner à qui veut payer, je m'occupe à ce qui me rend femme, à cette féminité qui fait ma renommée, d'ailleurs je ne fais que ça, dans ce domaine je peux affirmer que je réussis, et ça ne résulte pas tant d'une pratique ni d'une technique mais d'une souplesse infinie que j'ai et qui m'avale lorsqu'elle n'est pas supportée par les coups ou les caresses, oui, je dis que la féminité est une souplesse qui n'en finit plus et qui s'épuise à force de ne pas se soutenir elle-même, et si toujours je m'effondre, partout, dans les situations les plus diverses, dans l'appréhension, la joie, l'ennui, c'est que même assise ou couchée jamais je ne pourrai l'être assez pour toucher le fond de ma chute, il faudrait que je tombe en bas de ma chaise, en bas de mon lit, il faudrait que s'ouvre le sol pour que je puisse dévaler infiniment vers les profondeurs de la terre, encore plus loin, descendre ainsi en laissant derrière moi mes bras, mes jambes, ma tête, toutes ces parties dont l'enchevêtrement me noue comme femme, et ne subsisterait à la fin qu'un cœur de princesse libéré de ses langes, petit bout de royaume poursuivant sa trajectoire dans l'espoir de déboucher sur un ciel ignoré des hommes. Oui, j'imagine déjà ce cœur qui palpite sur lui-même, pour lui-même, sans rien à faire tenir, cœur inutile mais plein.

Et il suffit de quelques jours pour créer une habitude, quelques mois à putasser ici et là avec monsieur tout le monde dans un meublé sur Doctor Penfield où je me rends chaque matin ou presque, de deux ou trois clients pour comprendre que voilà, c'est fini, que la vie ne sera plus jamais ce qu'elle était, il a suffi d'une seule fois pour me trouver prise dans la répétition d'une queue dressée sur laquelle je bute encore, ici dans cette chambre, le petit soldat mécanique qui n'a pas la notion des murs, qui continue sa marche vers la mort même tombé sur le côté, les pieds dans le vide, mais quelle ténacité, et quelle conviction, et là toujours je poursuis ma jacasserie, dans ma tête, dans les larmes sans tristesse qui glissent sur les queues qui fouillent ma gorge, dans l'attente de l'orgasme et même après, dans l'âpreté du sperme que je n'ai pas su ne pas prendre dans ma bouche, il faut bien que je fasse mon travail, d'ailleurs le plus souvent rien n'annonce la décharge, ils font le mort, ils font comme s'ils n'attendaient plus rien, comme s'ils y renonçaient pour un plaisir plus durable, et ça arrive toujours dans ces moments morts, lorsqu'ils sont morts, sans bruit ni secousse, à ma grande joie tout de même car c'est fini, ça marque la fin de tout, la gymnastique, la feinte, les larmes, la souplesse, et quelquefois je dois le faire une deuxième fois, de préférence une sodomie, alors on me caresse pour me préparer, du bout des doigts ou avec la langue, et je ne peux que céder car ni la perspective de la douleur ni celle du dégoût ne saurait renverser chez eux la certitude du plaisir que j'y trouve, et je dis non et ils disent oui, et je dis ça fait mal et ils disent j'y vais doucement, tu verras, ça fait du bien, mais oui c'est vrai, ça fait du bien, ça fait mal doucement, et que vaut cette presque douleur à côté de leur joie, qu'est-ce qu'avoir mal lorsqu'on est moi, qu'est-ce que vouloir, penser ou décider lorsqu'on est pendue à tous les cous, à toutes les queues, les pieds dans le vide, le corps emporté par cette force qui me fait vivre et qui me tue à la fois, et si je ne sais pas crier ni gesticuler en dehors du lit, en dehors de la demande, alors peut-être des mots, ces mots pleins de mon cri qui pourront les frapper tous, et plus encore, le monde entier, les femmes aussi, car dans ma putas-serie c'est toute l'humanité que je répudie, mon père, ma mère et mes enfants si j'en avais, si je pouvais en avoir, j'allais oublier que je suis stérile, incendiée, que tout le sperme du monde n'arriverait pas à éveiller quoi que ce soit en moi.

Et pour le moment, je suis parfaitement faite avec mes vingt ans et mes yeux bleus, mes courbes et mon regard par en dessous, mes cheveux blonds, presque blancs à force d'être blonds, mais la vie ne prend pas dans tout ça, alors comment marcher sans m'effon-drer sous les regards qui me dardent, des regards qui me renvoient à ce que je n'arrive pas à voir dans le miroir, ces miroirs traqueurs dans les boutiques et les cafés, partout, des miroirs pour plus de présence, et moi parmi eux je n'existe plus, des gens circulent autour de moi sans me voir, mon sexe n'apparaît pas avec suffisamment de netteté, je suis une femme qui ne s'est pas suffisamment maquillée, non, il faut une parure, une seconde couche pour venir s'ajouter à ce que je ne saurais être sans artifice, et tous voient bien que je suis une femme mais je dois le montrer encore une fois pour que personne ne se trompe, pour que jamais ne soit vu ce qui n'a pas été paré, le corps brut, déchu de ce qui fait de lui un vrai corps de femme, un corps qui cherche à faire bander par la marque des soins qu'il porte, par un habillement qui le dénude, par une bouche fardée qui s'ouvre et qui se referme, des seins sur le point de jaillir d'un corset, des cheveux qui font voler leurs boucles et qui n'en finissent pas de voler car dès qu'ils s'arrêtent on oublie ce qu'ils viennent recouvrir, des épaules et un dos qui offre la promesse d'un envers, une poitrine corsetée dont le surgissement prochain est sans cesse reporté.

Et on me l'a fait remarquer déjà, ma façon de regarder les femmes, je veux dire ma façon d'homme, le souffle court et la pensée qui s'arrête, et si je les détaille passionnément, c'est sans doute pour repérer sur elles ce qui me manque, ce que je n'arrive pas à voir ou à avoir, je dois trouver sur elles un défaut, un tout petit qui me déçoit toujours, car les défauts des autres sont souvent si charmants, si excitants, presque beaux, il faut s'y attacher pour les humaniser, pour les déchoir de ce qu'elles ont en plus, en mieux, et ainsi peuvent-elles me regarder de cette même façon d'homme, ainsi puis-je regarder une femme qui me regarde en retour, ça pince les yeux lorsque ça arrive, on se salue entre nous, la race des sorcières aveugles et des belles-mères jalouses, miroir, miroir, dis-moi qui est la plus belle, eh bien ce n'est pas moi, ce ne peut pas être moi, je le sais parce qu'on me parle toujours d'une autre lorsqu'on me parle, ma personne ne suffit pas pour couvrir toutes les conversations, et les clients ne me parlent que de ça, des autres, ils me racontent leur façon de faire et leur tour de taille, ils précisent la poitrine et la bouche, la chevelure jusqu'aux fesses et les jambes qui n'en finissent plus, et lorsque je suis seule je cherche sur moi le tour de taille et les jambes, je cherche mais je ne trouve rien de ce qui a été approuvé, noté, salué, qu'a-t-il pu se passer pour que je sois inadéquate, hors définition, pour que les miroirs ne me renvoient plus qu'une doublure qui ne veut rien, ne cherche plus ou si peu, que la confirmation de sa visibilité, je suis un décor qui se démonte lorsqu'on lui tourne le dos, et quand ça arrive je hurle avec je ne sais quel organe car je n'arrive pas à hurler de vive voix, à crier spontanément lorsque la vie en dépend au fond d'une ruelle au milieu de la nuit, il ne faut pas oublier que le hurlement aussi se travaille, ça se féminise comme le dandinement des fesses sur un quai de métro, comme le geste de porter un mouchoir au coin des yeux au cinéma lorsque le héros quitte son héroïne pour conquérir le monde.

Et de raconter ces une, deux, trois mille fois où des hommes m'ont prise ne peut se faire que dans la perte et non dans l'accumulation, d'ailleurs vous les connaissez déjà, les cent vingt jours de Sodome, vous les avez lus sans avoir pu tenir jusqu'à la fin, et sachez que moi j'en suis à la cent vingt et unième journée, tout a été fait dans les règles et ça continue toujours, cent vingt-deux, cent vingt-trois, il y a l'agence qu'il faut d'abord joindre par téléphone le matin pour réserver sa place, il faut appeler très tôt pour que me soit donnée l'autorisation d'être présente ce jour-là, dans le menu du jour, est-ce que je peux travailler pour vous aujourd'hui, est-ce que je suis autorisée à me prostituer chez vous, dans vos appartements, et je suis désolée pour hier, désolée de n'avoir pu me présenter comme prévu, voyez-vous j'avais mes règles, mais aujourd'hui c'est bien fini, enfin presque, et j'ai pensé à tout, les éponges et les souliers rouges, le déshabillé et l'huile à massage, et après le premier coup de fil du matin, après que m'a été donné le consentement du patron d'être là ce jour-là, je dois me rendre sur Doctor Penfield dans un délai raisonnable car il paraît que les clients attendent déjà dehors, qu'ils font la file, ils attendent que la putain du jour vienne les soulager avant que leurs réunions d'affaires ne les emportent dans les édifices à bureaux du centre-ville, sans doute veulent-ils commencer la journée du bon pied, le sexe réduit le stress, c'est bien connu, enfin c'est ce que les revues racontent, les sexologues et les médecins, alors je dois me rendre au plus vite ici, dans cette chambre accrochée tout au bout d'un immeuble massif et brun, dressé là dans sa laideur à prix modique, on dirait une ruche géante bourrée de petites alvéoles moisies, ensuite il y a les draps qu'il faut changer s'ils n'ont pas été changés la veille et les paniers qu'il faut vider s'ils n'ont pas été vidés, il faut se maquiller et attendre, faire tout ce qu'on veut à condition que ce soit discret, que ça ne dépasse pas les limites de l'appartement, il faut attendre la sonnerie du téléphone qui annonce l'arrivée du premier client, attendre qu'on frappe à la porte, le client qui entre, paye, se déshabille, sucer, sucer encore, se faire sucer, les contacts réduits au minimum, c'est moi qui le veux, enfin vouloir c'est à peu près ça, réduire. Et puis baiser, moi sur le dessus et ensuite en dessous et enfin en petit chien, voilà ce que je préfère car il n'y a que les sexes qui se touchent, je peux grimacer comme je l'entends, pleurer un peu aussi et même jouir sans que ça se sache, et tout doit être fait six, sept, huit fois de suite avec six, sept, huit clients différents, après huit c'est entendu, je peux m'en aller, et m'en aller où pensez-vous, chez moi, eh bien non car je ne veux pas rentrer chez moi, je veux seulement mourir au plus vite mais pas ici, pas dans cette chambre, la police, l'enquête et mes parents soudainement impliqués dans ce commerce, les questions, la torture et puis quoi encore, la fin de moi poursuivant ma souffrance dans mes géniteurs, les découvreurs de ma pitrerie, de ma putasserie, la seule chose que j'aie en propre, salement propre, et même pas après tout car il y en a des masses des putains, de toutes les sortes et surtout de la mienne, la race des jeunes femmes prématurément vieilles, abrutissantes dans la jacasserie de leurs pensées, pleurant derrière les yeux pour ne laisser que l'image parfaite d'une putain jetée là, fagotée en talons et en sourires moqueurs, déballant ses jambes et défiant le visiteur de son inépuisable souplesse.

Et il faut voir la chambre où j'attends les clients, il faut la voir pour comprendre quelque chose à cette vie d'attendre qu'un homme frappe à la porte, il faut voir le lit, la table de chevet et le fauteuil qui forment un triangle et qui se regardent depuis leur emplacement, depuis leur solitude de servir à tous et de n'appartenir à personne, de porter la trace de l'usure sans avoir d'âme, comme les bancs de gare sur lesquels on s'impatiente en regardant sa montre tous les quarts d'heure, il faut voir l'unique lampe qui éclaire jaune, qui donne une apparence de soirée aux journées, le lit blanc en bois compressé au pied duquel s'accumulent les poils des clients, de petites mottes qui roulent lorsqu'on ouvre la porte, qui traversent la pièce comme des chatons gris poussés par les courants d'air, les mottes que je ne ramasse pas, jamais, je les laisse courir car je veux qu'elles soient vues, qu'elles marquent les rapports avec les clients, j'aime qu'ils ne soient pas trop à leur aise, qu'ils sachent qu'ils ne sont pas seuls dans cette pièce, que d'autres y sont encore un peu, qu'ils ne sont qu'un point perdu dans la série des hommes qui passent et qu'ils se retrouveront en tas, indifférenciés sur le plancher, je veux qu'ils comprennent que cette chambre n'est pas la mienne et qu'elle est fréquentée par tant de gens qu'il ne vaut pas la peine de l'entretenir, et puis de toute façon un autre viendra bientôt, il faut faire vite, s'habiller dès que fini et partir aussitôt pour ne pas rencontrer celui qui est sur le point d'arriver, et il faut les voir s'habiller à toute allure, les entendre filer dans le couloir pour rejoindre l'ascenseur, il faut imaginer leur air de n'avoir l'air de rien, comme si de rien n'était, comme si payer une femme pour coucher avec elle n'était impensable que lorsqu'on croise un témoin, et il y a bien la pile de magazines que je ne lis pas, achetés par l'agence et posés là sur la table de chevet pour le divertissement des putains, des magazines exprès pour moi, mais je ne sais pas pourquoi, détailler de jeunes adolescentes à moitié nues qui me regardent de leur bouche entrouverte à tour de pages ne me divertit pas, elles me font peur, plutôt les retourner face contre terre, plutôt arracher la couverture où jouit cambrée la schtroumpfette en chef, l'employée du mois encerclée de slogans stupides, toujours les mêmes, spécial sexe, tout sur le sexe, comme s'il ne suffisait pas de le faire tout le temps, comme s'il fallait aussi en parler, en parler encore, cataloguer, distribuer, dix trucs infaillibles pour séduire les hommes, dix robes à porter pour faire tourner les têtes, comment se pencher mine de rien vers l'avant pour faire bander le patron, il faudrait les émietter, une par une, les balayer sous le lit avec les enveloppes de préservatifs jetés là parce que le panier n'était pas à la portée de la main, parce qu'il était plein, mais ça ne sert à rien car elles sont trop nombreuses, d'autres magazines seront empilés au même endroit la semaine prochaine, d'autres schtroumpfettes me défieront de les émietter, on ne peut rien contre ce qui est à recommencer chaque semaine, il me faut donc les laisser à leurs quinze ans et leur perfection de bouche entrouverte, à leur royaume de postures affolantes.

Et il fait toujours sombre dans cette chambre parce qu'on ne peut pas ouvrir les rideaux, il faut les laisser fermés pour ne pas attirer l'attention des voisins qui pourraient à chaque instant regarder par la fenêtre de leur cuisine en lavant la vaisselle ou en coupant des oignons, les voisins qui ne doivent pas savoir ce qui se passe ici et qui savent peut-être tout ce qui s'y passe depuis longtemps, et de mon côté je peux les imaginer lavant leur vaisselle ou coupant leurs oignons en remarquant que les rideaux de l'appartement d'en face restent obstinément fermés depuis plus d'un an, que de temps à autre une main de femme se fraye un chemin pour ouvrir la fenêtre sans jamais ouvrir les rideaux, je peux imaginer leurs réflexions sur la bizarrerie des gens, le monde est fou, les voisins sont paranoïaques, et peut-être sont-ils eux-mêmes des clients, qui sait, des clients à qui on a vanté mes mérites de putain, à qui on a fait par téléphone la promotion de mon corps, trente-six, vingt-quatre, trente-six, vingt ans aux yeux bleus, oui monsieur, elle est très jolie et elle donne un bon service, elle peut vous rendre service plusieurs fois de suite, vous sucer comme personne, elle peut aussi se faire enculer pour un peu d'argent, un petit extra, et allez donc sur internet, on peut y voir des photos où elle montre ses seins, enfin juste ce qu'il faut pour vous faire bander, et allez du même coup lire ce qu'on écrit sur elle dans les forums de discussion, sur Canada's Best où on converge de toute l'Amérique pour tenir à jour ses exploits, c'est une vedette, la star de l'agence, tout le monde l'adore car elle se donne tellement de mal, elle se donne tellement, vous la redemanderez, et ainsi on me fait de la publicité, en échange de quoi je donne la moitié de ce que je gagne, je travaille pour une agence d'escortes qui annonce dans les journaux anglophones, you have reached the right number, et

30

c'est une agence qui reçoit, c'est dire que vous n'avez pas à louer une chambre car on la loue pour vous, c'est dire aussi que vous n'avez pas à aborder une femme dans la rue car elle vous attend déjà, sa petite frimousse qui s'agite d'impatience sous les draps, oui, je suis une escorte pour qui veut croire que je ne suis pas une putain, enfin pas tout à fait, que j'ai de la classe et de l'éducation, que j'accompagne les hommes plutôt que je ne couche avec eux, que je ne les suce que si j'en ai envie, que je peux choisir et dire non, celui-là ne me plaît pas, il est trop gros ou trop vieux, il a les pieds sales, je veux seulement discuter des nouvelles coupures budgétaires du gouvernement, manger du caviar et boire du champagne, je suis une escorte car je ne fais pas le trottoir, enfin pas encore, et je me donne pour cinquante dollars la demi-heure et soixante-quinze dollars l'heure, pas plus, les clients me payent cent ou cent cinquante dollars mais je ne garde que cinquante ou soixante-quinze dollars, et cinquante ou soixante-quinze fois sept ou huit clients par jour donnent presque cinq cents dollars, c'est plus qu'il n'en faut pour s'offrir une nouvelle garde-robe chaque semaine, et je suis une putain qui aime se faire traiter de putain, qui aime faire parler les clients de leur famille, sont-ils mariés, ont-ils des enfants, et que diraient-ils si leur femme et leur fille étaient des putains, que penseraient-ils si comme moi elles attendaient leurs clients en jetant les enveloppes de préservatifs sous le lit et en laissant courir sur le plancher les poils des derniers jours, à quoi ils répondent que je ne suis pas une putain, que je suis une escorte et que de toute façon je dois bien avoir une autre occupation, aller par exemple à l'université, mais oui c'est vrai, je vais à l'université, je suis une putain qui étudie, et quel bonheur d'avoir une famille à l'abri alors qu'on putasse avec des étudiantes, et dans leur embarras ils font dévier la conversation, la drogue dans les écoles, quel fléau, quel scandale, ruiner la vie d'enfants si jeunes avec de telles substances, et moi je reviens fatalement à leur femme et à leurs enfants, je suis une putain qui a de la suite dans les idées, couchent-ils encore avec leur femme, ont-ils une vie conjugale satisfaisante, à quoi ils répondent qu'après avoir eu des enfants les femmes n'en veulent plus, qu'elles n'en ont plus envie, ni des queues ni des enfants, qu'elles se suffisent à elles-mêmes, et là ils enchaînent sur moi, sur la jeunesse de mon corps derrière laquelle apparaît le cadavre de leur femme, ils disent que je ne dois pas faire ce métier trop longtemps car je pourrais vieillir, devenir une vieille pute alors qu'il n'y a rien de pire, rien de plus misérable qu'une peau de vache qui s'acharne à plaire aux hommes, portant l'audace jusqu'à demander qu'on la paye en retour, voilà ce qu'on me dit, qu'il faut être belle pour se prostituer et encore plus belle pour être une escorte, pour gagner sa vie à discuter du nouveau film à l'affiche et à boire du champagne, et il faut être jeune surtout, pas plus de vingt ans car après vingt ans les femmes ramollissent, tout comme leur femme et bientôt leur fille ai-je envie de hurler, toutes deux ramollies et ridées, tout comme eux, comme leur queue qui ne supporte pas d'être lâchée car elle pend aussitôt et se perd dans le poil gris, oui, voilà pourquoi en vieillissant les hommes se détournent des femmes qui vieillissent, pour qu'elles portent leur impuissance, pour se raconter pourquoi ils ne peuvent plus bander.

*
*   *

Ma mère n'aurait jamais fait ça, elle ne s'est prostituée qu'avec un seul homme, mon père, et si moi je baise c'est pour elle aussi, je baise pour ne pas laisser mon père être le seul, c'est trop navrant, cet homme dressé comme Dieu le Père contre le péché du monde, mon péché et aussi le sien, car je baise avec lui à travers tous ces pères qui bandent dans ma direction, leur gland rougi qui converge vers ma bouche, qui insiste vers le lit, leur haleine, leur bave, l'orgasme et le départ, et que dire d'elle sinon les lèvres trop minces qui sourient vers le bas, qui s'apitoient sur elles-mêmes, que dire sinon cette fente de sorcière qui ne peut tenir lieu de bouche, non, ce n'est qu'un trait qui donne au visage un caractère mortuaire, et ses doigts rendus croches d'être si fort rongés, ses doigts tordus de ne servir à rien, il faut dire que ma mère ne se ronge pas les ongles avec la bouche, tout occupée à n'être qu'une fente, mais avec ses doigts qui se mangent les uns les autres, ça fait tac lorsque l'ongle écorche un doigt, un tac qui laisse des gouttelettes de sang sur quoi elle tac encore, des points rouges dont elle ne se préoccupe pas, ma mère et ses mains qui s'affrontent sur ses cuisses comme si elles avaient une vie propre, comme si de rien n'était, comme si tout le reste du corps, jusque-là resté dans une torpeur de vieille folle, n'existait que pour assister à leur agitation, et elle fait ça tout le temps et sans rien dire car elle ne parle pas, elle crie ou elle se tait, elle garde le silence avec le tac de ses doigts qui envahit la pièce, une horloge à pendule qui se fait remarquer dans les temps morts, le dimanche après-midi, lorsque les enfants jouent dehors, et ce silence me rend folle, nous sommes deux folles qui gardons le silence pour mieux nous détester, mais comme tu as de grandes oreilles mère-grand, comme tu as de grands yeux, mais c'est pour mieux t'entendre mon enfant, c'est pour mieux te voir, mais ne vous y trompez pas car elle ne m'en voit pas mieux, non, elle ne m'entend pas non plus, elle n'a d'yeux et d'oreilles que pour elle-même, que pour mon père qui n'en veut pas, mon père qui n'est pas là car il attend la fin du monde du haut de sa Bible en invoquant le Déluge, et qu'on en finisse avec elle, avec cette vie de mains qui s'épuisent en duel, qu'on en finisse avec cette bouche qui ne peut recevoir aucun baiser, avec cet assemblage d'yeux et de rides, de rouge et de peau, et puis de toute façon mon père ne la touche plus, il me l'a dit dans sa façon de dire que ça ne l'intéresse pas, qu'il pourrait vivre sans ça, sans sexe, mais ce n'est pas vrai car il court les putains, on le voit dans le regard qu'il pose sur les filles dans la rue, son regard de salive qui glisse de haut en bas, il ne baise plus ma mère mais il en baise d'autres, et comment faire autrement, le corps de ma mère va à l'encontre de l'instinct, du viable, il s'ame-nuise et s'épaissit en même temps, et ce n'est pas l'ar-thrite ni le cancer qui la ronge, ni même la tristesse, mais sa laideur qui s'étend toujours plus, la faisant disparaître derrière ses rougeurs, sa peau qui miroite, derrière son dos sous lequel elle se terre, ses cheveux gris jaunissants, sa vieillesse mal vécue, son air de chienne esseulée.

Et je dois me tenir droite pour retarder le moment où elle me rattrapera, sa scoliose qui prendra le dessus, me pliant en deux, sa bosse qui ira me penchant toujours plus sur le repassage à faire, mais il ne faut pas, pas question, pas déjà, surtout se tenir droite et porter des faux ongles, et ma peau, que faire avec cette peau sinon la couvrir d'une autre peau, cacher ce qu'elle finira par montrer à la surface, les veinules et le luisant, et du silicone pour mes lèvres car pourquoi me résoudrais-je à vivre sans lèvres, pourquoi devrais-je exhiber cette fente par laquelle ne peut sortir que mon dégoût pour elle, oui, l'argent sert à ça, à se détacher de sa mère, à se redonner un visage à soi, à rompre avec cette malédiction de laideur qui se transmet salement, au grand malheur des jeunes starlettes et des futures schtroumpfettes, des putains à venir qui voudront parader dans leur blondeur devant tout le quartier et à qui on apprendra qu'il ne faut pas vieillir, surtout pas, qu'il faut rester coquine et sans enfant pour exciter les hommes entre deux rendez-vous d'affaires, maman, papa, dites-moi qui est la plus belle, ce n'est pas moi, certainement pas, mon nez, mes seins et mes fesses, que puis-je en faire sinon les répandre de par le monde, les offrir à la science, les déporter dans le cabinet d'un chirurgien, que puis-je faire de moi sinon me tenir loin de ce qui est venu à bout de ma mère, au bout du désir de mon père, et si je me crois si laide, c'est peut-être à cause de toutes ces filles, enfin il me semble, à cause de ces schtroumpfettes de magazines empilés là qui me défient de les détailler, une par une et toutes les mêmes, les schtroumpfettes à la télé et dans les rues, ces jeunes poupées de quatorze ans qui annoncent la nouvelle crème pour les rides, leur petit nez et leurs lèvres pulpeuses, leurs fesses bronzées et leurs mamelons durcis qui pointent sous le chemisier ouvert, sont-elles assez jolies, vous dites oui je le sens, et ce n'est pas une question, car tant qu'il y a une question il y a aussi l'espoir qu'on se trompe, et moi je n'ai pas d'espoir ni le projet d'en avoir un jour, je n'ai plus de questions à poser car je ne sais plus me tromper, je sais tout sur moi ou n'en veux plus rien savoir, ce qui revient au même, et d'ailleurs si vous m'affirmiez qu'il n'en est rien de votre désir pour elles, je vous cracherais au visage, et si vous m'avouiez que si, c'est vrai, je vous cracherais dessus aussi bien, car chez moi il ne s'agit pas des autres mais de mon dégoût d'être une larve engendrée par une larve, dégoût pour cette mère que je déteste à chaque moment, jusque dans la plus lointaine de mes arrière-pensées, et si je la déteste à ce point ce n'est pas pour sa tyrannie ou pour un pouvoir dont elle jouerait traîtreusement, non, mais pour sa vie de larve, sa vie de gigoter à la même place, se retournant sur son impuissance, sa vie de gémir d'être elle-même, ignorée par mon père, sa vie de penser que mon père la persécute et lui veut du mal, mais mon père ne veut rien d'elle, rien pour elle, il ne la déteste ni ne l'aime, seule la pitié le retient de partir là-bas, sur son voilier pour faire le tour du monde, et elle le sait mais ne fait rien, d'ailleurs a-t-elle déjà fait quoi que ce soit dans sa vie en dehors de ses activités et de ses plaintes de larve, flac flac du dos au ventre et du ventre au dos, plier et déplier en même temps dans le lit conjugal, mourir d'être une larve sous les couvertures nuptiales, la Belle au bois dormant, ni belle ni même dormant car pour dormir vraiment, sainement, dormir comme dorment les mères tranquilles, il faudrait qu'elle sache vivre sans mon père et je vous dis qu'elle a besoin de lui pour dormir ou se réveiller ou encore pour manger, elle a besoin de lui alors que lui n'en veut pas, alors qu'au détour d'un geste qu'il ne lui adresse pas elle le suit de ses yeux de chienne qui attend l'heure de la promenade.

Et je suis là en train de geindre, moi, issue d'une aberration, d'une impossibilité sexuelle qui s'est tout de même produite, et pour combien de temps encore faudra-t-il me vider la tête, la soulager de ce qui lui fait défaut, et pourquoi ne pas la faire éclater ici même sous une rafale de balles, recouvrir de ma personne les murs de la chambre, alerter les voisins et forcer l'immeuble entier à tremper dans cette affaire de putain morte d'avoir trop détesté sa mère, pourquoi ne pas ruiner à jamais le travail du chirurgien qui m'a rapetissé le nez, qui m'a gonflé les lèvres, il vaudrait mieux que le prochain client me frappe une fois pour toutes, qu'on me fasse taire car je n'arrêterai pas, et même si je m'arrêtais ça n'arrêtera pas, ça se poursuivra d'autant plus fort derrière mes yeux, dans le circuit de ma pensée détournée par la laideur de ma mère, non, il n'est pas facile de mourir enfin, il est plus aisé de jacasser, larver, gémir, d'ailleurs ma mère ne s'est jamais donné la mort, et pourquoi je n'en sais rien, sans doute parce qu'il faut de la force pour se tailler les veines, parce que pour se tuer il faut d'abord être vivant.

Voilà pourquoi je vis seule, qu'il n'y a pas d'homme dans ma vie, que je ne suis pas chez moi à attendre qu'il rentre du travail, à lui préparer le souper, à planifier les vacances d'été, non, je préfère le plus grand nombre, l'accumulation des clients, des professeurs, des médecins et des psychanalystes, chacun sa spécialité, chacun s'affairant sur l'une ou l'autre de mes parties, participant au sain développement de l'ensemble, un seul homme dans ma vie serait dangereux, trop de haine en moi pour une seule tête, j'ai besoin de la planète, de l'étendue du genre humain, et puis d'ailleurs que pourrais-je lui offrir, rien du tout, le prolongement de ma mère, un cadavre qui sort de son lit pour pisser, pour exhiber son agonie dans le va-et-vient entre le lit et la salle de bain, il n'y aurait rien à lui offrir et lui non plus d'ailleurs, rien qu'il puisse m'offrir, il ne pourrait que m'interroger de son regard, chercher en moi quelque chose à quoi s'accrocher, quelque chose de vivace qu'il pourrait repérer à distance, comme le duel des mains sur les cuisses de ma mère, sa manie de larver qui parle au bout des doigts, oui, cet homme se tiendrait sur le pas de la porte, à chaque instant sur le point de s'en aller, il me quitterait dans sa façon de remettre à plus tard son départ, et un jour ce serait le bon, celui sans retour à la perspective qu'il me quitte, et ce jour-là le vide qui m'habite grandirait démesurément, un dernier coup porté au néant qui éclaterait enfin, trouvant une issue et s'étendant aussi loin que possible, jusqu'aux limites de ce monde duquel je me suis toujours exilée, volontairement ou presque, n'y ayant jamais été appelée ou si peu, que par mes clients peut-être et pour si peu, presque rien, pour un plaisir douloureux, comme arraché à leur sexe fatigué.

Et si j'aimais un homme au point de mourir de son départ, ne serait-ce pas là un amour de larve, un amour qui chercherait les endroits sombres et qui se tordrait sur lui-même d'être si peu partageable, eh bien oui car je ne sais pas aimer d'un amour vrai, qui ne demande rien, donne tout, jusqu'à la vie et pas n'importe laquelle, une vie remplie et courageuse de héros tout entier bon, un amour de prophète, de vieil homme sage qui ne sait plus bander, non, je ne sais qu'aimer d'un amour d'adieux, l'amour de partir loin de moi qui vous repousserait de toute façon, même si vous essayiez très fort et que vous marchiez sur vous-même, je vous rendrais à l'image de ce qui m'a été offert, et c'est si peu me direz-vous, ce qui m'a été offert, mais c'est encore ça, un peu n'est pas rien, c'est le minimum requis pour vivre, un squelette recouvert de chair et de quelques tapes dans le dos pour roter, de deux ou trois coups de peigne et d'une nouvelle robe à la rentrée des classes, et à bien y pen-ser je ne me souviens plus de ce temps d'avant, du bon vieux temps des berlingots de lait et des jeux de marelle, des cousins et des cousines déculottés qui rient de se voir garçons et filles derrière la remise de la cour arrière, du temps où j'étais une petite fille, un petit bout d'orage à l'horizon, je ne m'en souviens presque plus mais j'étais déjà une poupée susceptible d'être décoiffée, on commençait déjà à pointer du doigt ce qui faisait saillie, les mains dans la bouche, les doigts dans le nez, le sang tout rond de mon genou blessé sur le collant blanc, et déjà ce n'était pas tout à fait moi qu'on pointait ainsi, c'était le néant de ce qui empoussiérait ma personne, poussière de rien qui a fini par prendre toute la place, cette place du début de la vie que j'aurais dû savoir occuper, et mieux aurait valu que je brandisse fièrement la tache de rouge sur fond de collant blanc à la face de l'accusateur, mieux aurait valu que je creuse mes narines toujours plus jusqu'à oublier la vulgarité du geste, le changer en son contraire, l'exploit d'un enfant qui cherche d'où il vient, qui touche l'interdit de ce qui compose sa substance, mais comment aurais-je pu faire autrement, moi qui n'avais d'yeux que pour ce qui pouvait faire de moi un être préférable à un autre, quelqu'un qui est plutôt ceci que cela, plutôt bon que mauvais, beau que laid, que pouvais-je savoir du bien et du mal, de la beauté et de la laideur, moi qui avais toujours les pieds dans les plats, la main dans le sac, moi qui pleurais parce que le jaune de mon gilet était trop jaune, parce que le petit Jésus sous le sapin de Noël était trop gros pour être pris dans les bras de Marie, parce que la sœur qui m'enseignait le piano, exaspérée par ma lenteur à jouer les notes, tournait les pages du cahier à toute vitesse comme si ça pouvait accélérer le jeu de mes doigts sur le clavier, et que pouvais-je en savoir, je n'en savais rien et n'en sais toujours rien, je ne sais que penser ce qu'on pourra bientôt pointer du doigt, le ventre qui s'arrondira d'année en année, les cheveux blancs que je cacherai sous la teinture et les marques que la chirurgie aura laissées sur moi, et ça continuera, les lèvres trop petites, qui se retireront du visage pour fuir je ne sais quelle menace au-dehors, la peau qui rougira sous un milliard de veinules éclatées lézardant le visage, oui, il faut dire que la laideur, c'est exactement ça, le décompte, la liste de ce qui est à supprimer, les taches qui recouvrent le reste, l'envisageable, ce dont on n'a pas envie de parler parce que sans rien de particulièrement choquant, la symétrie des oreilles, les yeux bleus, les petits pieds, les mains de pianiste, le nombril bien à sa place, la taille et les hanches que je fais voyager en tout sens sur la queue de mes clients.

Et qu'y aurait-il en dessous pensez-vous, sous la surface de ce qui est à enlever, y trouverait-on la satisfaction d'une peau toute neuve, un sourire étoilé et une poitrine inspirant une volée de prières, obligeant le monde à ramper sous son rayonnement, y verrait-on un happy end de soleil couchant, le ciel traversé de longs boas de ouate rose, ou y aurait-il rien du tout, encore moins que les veinules et l'asymétrie, un cratère plus bas que la déception, l'échec de la merde qui n'a pas pu se changer en or mais qui est forcément devenue autre chose, du jamais vu, la désolation d'un corps déserté par lui-même, une charcuterie à quoi on n'oserait pas rattacher de nom, je n'en sais rien mais ça ne pourrait pas s'arrêter là, sûrement pas, pas encore, ce qu'on y trouverait serait toujours à enlever, couche par couche, du corps à perdre, à déporter, l'anorexique creusant son ventre, creusant sa tombe, et n'allez pas croire que ce soit exceptionnel, non, des millions de femmes font de leur corps une carrière, de la nourriture un art, la maîtrise de leur bouche sur des morceaux de fruits si petits qu'ils font pleurer, et surtout le message qu'elles lancent aux autres, regardez-moi comme vous êtes grosses, regardez ce qui pend sous vos fesses, ce qui fuit sur les côtés en battant le rythme de la marche, quelle horreur, quelle lourdeur ne faut-il pas endurer pour exister, les femmes ont souvent trop de ce qu'elles ont, elles sont toujours trop ce qu'elles sont, rivées à leur sexe, à ce qu'on en dit, incapables de réinventer leur histoire ou de penser la vie en dehors des sondages de magazines de mode, inépuisablement aliénées à ce qu'elles croient devoir être, des poupées qui jouissent lorsqu'on veut qu'elles jouissent, des poupées qui ont telle taille, telle coiffure, qui ne veulent rien et qui en veulent toujours plus, qui se masturbent à tout propos et qui n'en ont jamais assez, qui s'occupent tout entières à exciter les hommes, sans autre but dans la vie que se regarder dans la glace et se comparer aux autres, leur cul et leur poitrine pour vérifier que c'est plus gros, moins bien, parler des hommes et des autres poupées, passer du lit au coiffeur à la maquilleuse à la gym à la boutique à la manucure au régime au chirurgien au strip-tease et encore au lit, à l'argent gagné de ça, de la putasserie comme but, de la fascination de soi-même et de l'envie des autres, enfin au papotage de tout ça, de la coiffure du maquillage de la gym des fesses et des seins trop petits ou trop

PUTAIN

bas, de la boutique de la manucure du régime du chirurgien du strip-tease et de la baise, oui, une femme c'est tout ça, ce n'est que ça, infiniment navrante, une poupée, une schtroumpfette, une putain, un être qui fait de sa vie une vie de larve qui ne bouge que pour qu'on la voie bouger, qui n'agit que pour se montrer agir, et ce n'est pas fini car il faut qu'elle soit la seule de son genre pour faire son bonheur, l'unique schtroumpfette du village au milieu de ses cent schtroumpfs, ni mère ni fille de personne, pure coquette qui n'existe que par sa coquetterie, la représentante de la race de celles qui ne sont ni mère ni fille, qui ne sont là que pour faire bander et continuellement s'assurer qu'elles peuvent faire bander, au plus grand plaisir de tous car les hommes n'ont rien à foutre des mères et des filles, ils veulent pouvoir les baiser toutes, même leur mère ou leur fille, ils veulent pouvoir les penser en schtroumpfette qui rit de se voir si belle et si blonde dans le petit miroir qu'elle garde à portée de la main de peur de se retrouver seule, oui, une femme c'est avant tout un sexe susceptible de faire bander car un sexe n'est jamais bandant en soi, ça prend du travail, le travail d'une vie entière jusqu'à la mort car même vieilles et repoussantes les femmes se rappellent le temps où elles ne l'étaient pas, où elles pouvaient vivre à la folie leur vie de larver sur leur nombril, leur existence de se farder en remuant les fesses, et le travail se continue dans le souvenir qu'on s'efforce de farder à son tour.

Et n'allez pas croire que j'échappe à cette règle, je suis une femme de la pire espèce, une femme qui fait la femme, qui s'assure qu'on ne manque rien de la petite culotte rouge qui apparaît furtivement le temps d'un croisement de jambes, une femme qui n'a de secret pour personne, non, tout ce qui se passe dans ma tête est immédiatement repérable sur ma peau, la suite de mes idées se réfléchit tout de suite dans mon teint, mes pensées s'étalent sans pudeur à la portée de tous les remaniements, comme la putain que je suis, pantin tenu par un fil qu'on fait bouger du bout de sa queue, et il ne faut pas imaginer que mon enfance fut le fondement d'un château magnifique dressant des tourelles d'où on pouvait voir venir l'ennemi et repousser toujours plus loin les limites d'un royaume à conquérir, pas du tout, il s'agit plutôt d'un squelette qui s'est arrêté en cours de route et qui n'a jamais rien fait tenir ou si peu, que sa fragilité de porcelaine, que son destin de poussière, et puis de toute façon il y a bien trop à penser, trop d'espace vide à combler, il y a la silhouette de la statue de sel de la Bible de mon père qui s'évanouit peu à peu dans le défilement des saisons, les étoiles mortes dont le feu de l'explosion ne nous parvient que trois millions d'années lumière plus tard, le fourmillement des Japonais à Tokyo, la vision en accéléré de la foule hurlante, vue de très haut, depuis le sommet de King Kong surplombant la ville et sa lenteur à faire un pas devant l'autre vue depuis le sol, depuis le point de vue de celui qui fuit, il y a la schizophrénie de ma cousine à qui les couleurs parlent et la dérision de mon malheur devant la collision des galaxies, devant la formation de trous noirs qui pulvérisent au passage des milliers de planètes, voilà pourquoi vous ne devez pas attendre de moi une histoire, un dénouement, parce qu'il y a trop à penser que je n'arrive pas à dire, parce qu'en ce qui me concerne je ne peux que tourner en rond sur l'idée d'une putain affalée sur le dos, offrant la possibilité d'un coït entre deux rendez-vous d'affaires, ouvrant les jambes jusqu'au Japon, jusqu'au point ultime du globe où le jour est la nuit et la nuit le jour, et cette putain peut être moi mais elle peut aussi ne pas être moi, elle pourrait être une autre, l'arrêt sur image de n'importe qui ou quoi croisant le chemin des clients, allant du pied chaussé au regard farouche, de l'abandon de la femme soûle à la résistance de celle que ça dégoûte, mais oui, c'est vrai que j'ai des particularités, des préférences, il y a des choses que j'aime et d'autres que je déteste, et quand je baise par exemple, c'est le petit chien que je préfère, le petit chien bien sage fixant un mur sale tandis que là derrière s'unissent deux organes, deux sexes en dehors du corps comme s'ils n'avaient rien à voir avec une volonté humaine, avec moi, avec ma tête qui se tient aussi loin que possible de cette rencontre qui ne me concerne pas, enfin pas personnellement, ce n'est pas moi qu'on prend ni même ma fente, mais l'idée qu'on se fait de ce qu'est une femme, l'idée qu'on se fait de l'attitude d'un sexe de femme, mais peu importe car dans cette position de chienne il est plus facile de ne pas les embrasser, de n'avoir pas affaire avec l'étalement de leur personne sur la mienne, et ils peuvent aussi me caresser avec leurs mains, j'aime bien les mains car c'est plus sec, ça implique moins de choses et la tête peut être ailleurs, en train de jacasser, de s'imaginer la saga de ce que devrait être la vie, ou encore en train de substituer les halètements du client à ceux du professeur de philosophie, celui en face de qui je m'assieds comme s'il allait me révéler la vérité, ou encore à ceux du psychanalyste sur le divan de qui je me couche comme s'il allait m'y rejoindre, enfin je peux penser à tous ces hommes que je ne verrai jamais dans ce métier car ils ne fréquentent pas les putains, pas eux, ils préfèrent les livres, jouir des mots et des concepts, de l'espace stellaire de la volonté de puissance et de l'éternel retour, ils ne pensent pas à moi car je suis trop lourde de ma chair, trop encombrante, et quand je parle c'est parfois très gênant, je dis toujours une suite de propos incohérents et malvenus, la réalité de ce corps qu'on désire, fait de tout ce qu'il faut et qui pourtant ne coïncide pas, n'étant jamais le même d'une fois à l'autre, d'un jour à l'autre, un corps qui me rappelle trop celui de ma larve de mère et que je tyrannise de ma fureur en le repoussant de toutes mes forces, en le fuyant comme si j'allais finir par lui échapper.

*
* *

Je pense souvent à mes parents qui liront un jour ces pages, qui sait, et que pourraient-ils y voir sinon la révélation de ma putasserie, ma vie de me vendre ici et là pour leur prouver que je ne viens pas d'eux, que je reste étrangère à tout ce qui les regarde, que je fais ce que je veux et surtout ce qu'ils ne voudraient pas que je fasse, me livrer à des hommes, n'importe lesquels du moment qu'ils ont de quoi payer, et d'ailleurs, que puis-je leur signifier sinon ma nausée, mon opposition radicale au couple vieillissant mal et s'ennuyant, l'un baisant les autres et l'autre mourant de ne pas être baisée, l'un et l'autre s'empoisonnant d'être ensemble sans pouvoir faire quoi que ce soit d'agréable, sans rien faire en dehors de se décevoir, comme s'ils attendaient encore quelque chose l'un de l'autre, et ce n'est pas vrai parce qu'ils sont déçus sans avoir rien attendu, c'est encore pire dans ce cas-là car ils finissent par s'en vouloir d'être tellement eux-mêmes, de plus en plus les mêmes avec les années à force de ne plus rien vouloir d'autre que ne pas répondre ou ne pas attendre, et puis de toute façon ils n'auront pas la force de me lire jusqu'ici, ils ne sauront pas reconnaître ces phrases sans histoire qui pourtant leur ressemblent, et pourquoi donc aurais-je besoin de leur reconnaissance, après tout, si ce livre témoigne de tout ce qui me sépare d'eux, non, je n'ai surtout pas envie qu'ils occupent ce territoire, qu'ils piétinent ce qu'ils ne sont pas parvenus à corrompre tout à fait, cette part de moi qui leur échappe car ils n'avaient pas prévu qu'il puisse exister plus d'une façon de vivre le mal de vivre.

Il vaut mieux retourner à l'essentiel, au trafic de ma bouche avec d'innombrables queues impatientes de décharger et de recommencer à s'impatienter, et vous ne pouvez pas savoir à moins que vous soyez vous-mêmes putain ou client, ce qui est fort probable après tout, vous ne pouvez pas imaginer ce que c'est que faire face à un désir qui cherche le vôtre alors que vous n'en avez pas, enfin que vous n'en avez plus car il est épuisé, le clitoris comme une écharde sous l'insistance des caresses, la tyrannie du plaisir qu'on veut donner et qui refuse de penser que trop c'est trop, qu'il ne sert à rien d'en rajouter, qu'on peut devenir fou d'avoir vu trop souvent un même geste se répéter, le supplice de la goutte d'eau qui frappe obstinément le même point au milieu du crâne, vous ne pouvez pas savoir ce que c'est que tous ces hommes qui ne veulent pas penser qu'il y a une limite à ce qu'une femme peut donner et recevoir, ils restent sourds à ce qu'elle ait une fin, à ce qu'elle puisse tout aussi bien ne rien avoir à donner ou à recevoir, ils ne veulent pas savoir ce que je meurs d'envie qu'ils sachent, qu'il n'y a rien à vouloir d'eux ou si peu, que l'argent après tout, et ils tentent d'oublier que le désir c'est plus que la taille de leur queue, c'est plus que ça, sucer encore et encore, sucer à mort, ils ne veulent pas entendre qu'il faut du temps pour que naisse le désir, enfin plus que ça en prend pour sortir l'argent du portefeuille, ils ne comprennent pas que ce commerce n'est possible que grâce à un pacte sur la vérité qu'il ne faut surtout pas dire et qu'il faut croire ailleurs, quelque part dans l'illusion qu'on peut avoir de l'appétit pour le premier venu, même obèse ou stupide, et puis de toute façon ils ne remarquent l'obésité que chez les femmes, eux peuvent être tout ce qu'ils veulent, médiocres et flasques, à demi bandés, alors que chez les femmes c'est impardonnable, le flasque et les rides, c'est proprement indécent, il ne faut pas oublier que c'est le corps qui fait la femme, la putain en témoigne, elle prend le flambeau de toutes celles qui sont trop vieilles, trop moches, elle met son corps à la place de celles qui n'arrivent plus à combler l'exigence des hommes, bander sur du toujours plus ferme, du toujours plus jeune.

C'est vrai que je suis injuste, que ce n'est pas que ça, qu'il y a autre chose même pour les hommes, le besoin de plaire par exemple, de se sentir beau et bon, d'ailleurs ils font grand cas de la taille de leur queue, est-elle assez grosse, suffisamment longue, ils veulent aussi me faire jouir à tout prix, et pour mon seul plaisir, ils font courir leur langue sur moi comme si j'étais tout entière fente, comme si c'était normal de faire ça à une femme qu'on voit pour la première fois, une femme qui pourrait être leur fille, il ne faut jamais l'oublier, et ainsi laissent-ils de grandes traînées de bave sur mes cuisses qu'ils regardent ensuite comme si ça venait de moi, tu mouilles jusqu'aux genoux mon amour, tu vois bien que tu aimes ça, et moi je leur souris gentiment, continue mon chéri, ne t'arrête surtout pas, et que font leur femme pendant ce temps de l'entre-deux-rendez-vous-d'affaires, sont-elles penchées sur le plombier ou le facteur comme dans les bonnes vieilles farces sur l'origine des enfants, ou sont-elles en train de dormir comme ma mère, de mourir sous les couvertures d'être si peu vues, si peu touchées, la peau du ventre qui se relâche, les mains qui se couvrent de taches brunes et qui se mangent l'une l'autre, et laissent-elles aussi leur fille s'en mettre plein de la queue de leur père, de papa chéri et des oncles qui bandent qu'elle soit assise sur leurs genoux pour la faire sauter un peu, le petit galop de bonne nuit avant la prière du soir, la souplesse de la chair qui n'a pas fini de grandir et qu'on veut attraper au vol.

Je n'aime pas la tournure de cette réflexion, il y a quelque chose que je ne comprends pas, que je ne peux pas comprendre, je n'aime pas ça mais il est sans doute préférable que je m'y accroche, faute de connaître une réponse qui vient de toute façon bien avant la question, la vérité des bestioles et des rats dont aucune catastrophe ne viendra à bout, la vie des égouts qui survivra à la mort, la victoire de l'instinct sur ce qui est bien, et qu'est-ce qui est bien, ça aussi je l'ignore, je ne sais que pleurer sur le cadavre de ma mère tandis que mon père chasse les putains toujours plus, l'une après l'une après l'autre, et un jour il tombera sur moi, sur la chair de sa chair dont j'ai la nausée car elle est promise à l'oubli, et qu'il la reprenne cette chair après tout, il en a certainement plus envie que moi, qu'il la lance à bout de bras sur n'importe quel mur, à bout de queue, qu'il me prenne enfin, que ça finisse, qu'on en finisse avec cette tension de toujours entre les pères et les filles, et comment oserait-on pensez-vous, eh bien on oserait de la même façon qu'on ose ici, dans le cadre de ma putasserie, dans cette chambre où mon père va bientôt finir par venir, oui, il viendra tôt ou tard avec la pensée que je serai peut-être derrière la porte, et moi je lui ouvrirai en pensant qu'il pourrait aussi s'y trouver, et chacun nous voyant là où il l'avait imaginé va être choqué de se retrouver respectivement dans le rôle de la putain et du client, et nous allons claquer la porte en criant au scandale, mais où va-t-on dans cette société où les filles sont putains et les pères clients, et depuis combien de temps s'en va-t-on ainsi, depuis toujours je le crains, depuis que les pères ont une queue et les filles un corps frais à offrir en partage au monde entier, le père et la fille retournant à leur vie avec l'impression qu'un drame s'est joué, depuis longtemps prévu cependant, comme une fin de siècle, elle et lui face à face en pensant je le savais, je le savais.

Et vous devez vous demander pourquoi tout ça alors, pourquoi je ne quitte pas ce commerce que je dénonce et qui me tue, je n'en sais rien, c'est peut-être à cause d'une tendance naturelle que j'ai à me dévêtir et à m'étendre à toute heure, à supporter les caresses et d'aimer ça, je veux dire que oui, je suppose que j'aime ça, enfin si je savais aimer, j'aimerais sans doute ça, mais c'est aussi l'argent je crois, je n'ai pas encore parlé de l'argent qui remplit ma vie de choses à acheter, à repeindre et à réaménager, je ne vous ai pas dit qu'avec cet argent je peux m'occuper de moi comme je l'entends, à chaque instant, faire mousser mes cheveux à l'infini avec un nouveau shampooing, courir les chirurgiens, entretenir cette jeunesse sans laquelle je ne suis rien et cette blondeur qui donne un sexe à mes regards, il y a d'abord l'argent pour entretenir ma jeunesse et ensuite la fascination pour ce qui se répète ici, client après client, cette chose que je n'admets pas et que je mets à l'épreuve tous les jours, ces hommes qui ne sont pas là où ils devraient être et qui vont là où ils n'ont pas le droit, vous devez savoir que ce n'est pas avec le premier client que je suis devenue putain, non, je l'étais bien avant, dans mon enfance de patinage artistique et de danse à claquettes, je l'étais dans les contes de fées où il fallait être la plus belle et dormir éperdument, je suis une schtroumpfette qui s'est noyée dans la glace, au milieu de ses cent schtroumpfs qui viennent quelquefois à sa rencontre pour lui rappeler qui elle est, ils viennent entre deux aventures, lorsqu'ils sont las d'inventer leur vie et d'explorer du territoire, lorsqu'ils en ont assez de siéger du haut de leur forêt en se représentant Gargamel qui ricane sur la machination de leur perte, et alors, dans ces moments furtifs, ils regardent la schtroumpfette qui se regarde tout autant et pensent combien elle est belle de se trouver si belle, combien désirable de chercher dans la glace le trait absolu de sa beauté.

*

*   *

Il ne faut pas penser que les hommes sont tous égaux, des hommes qui bandent invariablement d'une fois à l'autre, d'un même mouvement parallèle, car parmi eux s'en trouvent deux ou trois qui me résistent tout de même, je veux dire qu'ils le font à dessein, comme s'ils devaient se concentrer très fort en désespérant de faiblir d'un moment à l'autre, et parmi eux se trouve mon psychanalyste, je connais bien l'effet de ce mot dans l'esprit des gens, un vieillard à canne éloignant et approchant des notules de ses yeux myopes, remontant avec l'index des lunettes sur son nez, dormant sur le discours de ses malades d'avoir trop entendu la plainte de n'être pas tout pour sa maman, une pièce sombre qui sent la folie des gens qui sont venus y raconter leur désespoir, des livres humides et des gargouilles en pierre, enfin une science morbide pour gens malsains, et vous auriez raison de penser ainsi car c'est presque ça, et puis il fallait s'y attendre, du lit au divan et du client au psychanalyste, c'est presque pareil, un homme et une femme qui pensent à chaque instant à ce qu'ils ne doivent pas faire, qui ne se regardent pas ou si peu, que pour l'arrivée et le départ, un commerce entre moi qui parle de sucer à la chaîne et lui le voyeur qui voit malgré lui, deux pervers qui s'en tiennent à la veille de se toucher, aux limites du pardonnable, en équilibre entre ce qui se dit et ce qui ne se fait pas, et ainsi se penche-t-on sur la seule chose qui peut nous unir, mon malheur, mon destin de larve où il vient me rejoindre comme pour m'y soustraire, mais il n'y peut rien au fond car je suis si près de la mort, ça prendrait du temps, beaucoup trop de temps pour découvrir comment s'ouvre le sol sous mes pas, ça prendrait trop de mots pour désamorcer ma chute, il faudrait que je ne sois pas si moi-même, tellement ma mère, il faudrait que ma mère se tue, qu'elle en finisse avec elle pour que je puisse la détester à voix haute et vivre de cette haine, la réveiller du fond des ténèbres en la calomniant toujours plus, forcer la révolte pour qu'elle revienne d'entre les morts et nous entre-tuer ainsi jusqu'à ne plus avoir aucune raison de s'en vouloir ou de s'aimer, jusqu'à ce que nous soyons devenues étrangères, défigurées, notre mémoire aux quatre vents pour que jamais plus nous ne puissions soupçonner l'existence l'une de l'autre, ce qu'il faudrait est exorbitant, sans précédent, c'est un recommencement que je réclame et personne n'y peut rien, on ne peut que comprendre ce qu'il faudrait sans pouvoir rien y faire, voilà pourquoi nous en revenons toujours à ça, au travail de la séduction dans le récit de mon malheur, à la façon que j'ai de haleter mon histoire comme si j'étais en plein accouplement, ma façon de languir et de laisser languir, de payer en regardant ailleurs comme si entre nous il ne s'agissait pas d'argent, de taire des mots qui remplissent la pièce d'être ainsi tus, qui font apparaître ce que je souhaite infiniment en maudissant que je ne le doive pas, pour les besoins de l'analyse, tout de même, on ne le doit pas, et si on ne le doit pas c'est surtout parce qu'on le veut, et plus on le veut moins on le doit, tout comme mon père et moi qui allons claquer la porte l'un sur l'autre d'autant plus fort que nous savions qui se tenait derrière, car nous avions imaginé de mille manières la rencontre de nos deux sexes inabordables et pourtant si familiers.

Et devrais-je avoir peur de cet événement entre tous, eh bien non je n'ai pas peur, ce que j'aimerais voir se produire n'a pas l'habitude de se produire, ça ne se produira jamais mais il vaudrait mieux que si, pour me réveiller ou pour me tuer, pour que commence enfin quelque chose, j'en ai assez de cette possibilité éternellement remise à plus tard, et je ne suis pas normale de vouloir ça, toutes mes amies me le disent, enfin si j'avais des amies elles me le diraient toutes, je ne suis pas normale mais je ne laisserai personne me prendre ça aussi, l'anomalie d'un souhait qui pourrait m'anéantir, je ne laisserai personne m'empêcher de souhaiter la mort parce que c'est tout ce que j'ai, enfin tout ce que je veux, vouloir vraiment, c'est vouloir une seule chose, sans alternative, sans le compromis qui ressemble trop à ma mère, une larve entre le sommeil et l'attente de prendre forme.

*
* *

Je dois maintenant me rappeler quand et comment tout a commencé, comment ai-je pu une première fois me livrer à un homme pour de l'argent, je crois que c'était d'abord pour l'argent mais c'est devenu autre chose, et il y avait déjà autre chose dans ce besoin d'argent, c'était sans doute l'urgence de mettre un terme à ma virginité, de forcer les hommes à me prendre parce que j'étais là, moi et pas une autre, je ne savais pas encore qu'on pouvait baiser une femme en pensant à une autre, je ne connaissais pas la puissance de l'imaginaire à écarter la présence, d'ailleurs comment aurais-je pu savoir qu'on peut ainsi s'acharner sur une image, toujours la même, sur le trémoussement des orteils ou encore sur l'action de dire des mots obscènes, jouir de bribes qui ne font pas partie du monde des vivants, un bas en nylon, des lèvres rouges imprimées sur le col blanc d'une chemise, comment aurais-je pu savoir que la trace de ce qui a été peut évoquer davantage que la chose elle-même, et vous ne devez pas penser que j'en sois choquée, pas du tout, j'ai maintenant mes petits travers, mes bizarreries, je suis aujourd'hui parfaitement à l'aise avec

55

l'incongruité de ce qui surgit dans mon esprit lorsque je jouis, des seins de femme qui débordent d'un corsage, des bretelles qui cèdent, une porte entrouverte sur un oncle et sa nièce, désormais j'en sais trop sur ce qui se passe dans la tête de mes clients pour me sentir concernée lorsqu'ils bandent, et ensuite je ne sais plus, il me semble que j'en ai eu assez de savoir, de comprendre que je n'y étais pour rien, que je n'étais pas là où il le fallait, mais le piège s'est refermé, je ne saurais pas dire lequel, l'argent peut-être, me prélasser sous les couvertures ou dans l'eau mousseuse du bain, flâner pendant des mois sans autre souci que celui de m'acheter de nouvelles chaussures, me caresser toute la journée en attendant le prochain client, dîner au restaurant et me soûler avec d'autres putains qui ne sont pas vraiment des amies, plutôt des copines de travail, moi et elles liées par une obscure camaraderie, une fraternité de se moquer de la queue des clients, de se lancer des clins d'œil en faisant mine de ne pas pouvoir s'empêcher de rire, comme si nous étions complices, comme si la complicité c'était ça, un ricanement de putain adressé à une autre sous le nez d'un client.

Et je n'ai plus le souvenir de ma vie d'avant, je ne peux plus m'imaginer autrement, j'ai désormais un titre, une place et une réputation, je suis une putain de haut calibre, très demandée, je peux aussi voyager dans les pays du Sud avec des Blancs qui s'envoient de l'air au visage avec des billets de banque, des clients qui achètent tout en laissant paraître que ce n'est rien pour bien marquer leur supériorité de Blancs, pour signifier que tout peut s'acheter, les femmes et la misère des autres, et qu'ils fassent deux fois mon âge n'impressionne plus personne, en nous voyant sur la plage les gens savent tout de suite de quoi il s'agit, je le vois dans leur façon de ne pas nous accorder leur attention, et d'ailleurs je me demande souvent ce que penserait ma mère en me voyant ainsi sur la plage avec un homme de son âge, elle n'en penserait rien car elle ne sait pas voir ces choses-là, les contrastes et les improbables, et puis elle ne se rendrait pas jusque-là, sur la plage, c'est trop loin, il fait trop chaud et il faut prendre l'avion, le cancer de la peau et le reste, le risque de manger à une heure inhabituelle de la nourriture inhabituelle, alors que je sois à cent mille lieux de sa vie de larve, elle n'y pense même pas et je devrais ne plus y penser non plus, mais c'est plus fort que moi, il faudrait que ce soit elle qui soit là, pas moi, il faudrait qu'elle soit jeune et belle encore une fois pour qu'elle puisse retourner à son lit avec ce moment et y repenser longuement, le remanier encore et encore jusqu'à ce que sa vie se réduise à ce seul instant de soleil et de plage où sa peau ne serait plus à farder, où sa bouche ne serait pas qu'un trait mais une vraie bouche qui pourrait sourire d'un sourire vrai, vers le haut, où son corps ne serait plus à terrer et deviendrait un pont entre elle et les autres, entre sa vie et celle de mon père.

Et que je sois identifiée comme putain sur la plage ne m'ennuie pas le moins du monde, l'évidence du trafic où se joue ma personne ne me gêne pas du tout mais les clients peut-être que si, enfin ça pourrait les gêner s'ils savaient éprouver la honte d'avoir dû remplacer la séduction par l'argent, mais peut-être aiment-ils une fois de plus faire l'étalage de leur pouvoir d'achat, peut-être tiennent-ils à faire parader cette jeunesse auprès d'eux parce qu'elle se paie chèrement, ou peut-être croient-ils que les femmes peuvent aimer n'importe qui s'amenant dans leur direction comme de petits chiots pleins de tendresse à donner au premier venu, bêtes de rien qui n'en savent rien de la laideur et de la bêtise, et ils auraient bien raison de penser ainsi parce que c'est presque ça, mais je suis injuste encore une fois, ce n'est pas aussi pitoyable que je le prétends, je veux dire les femmes, les putains et les schtroumpfettes, l'inertie et la faiblesse, toute cette souplesse qui sent la nausée, il existe des femmes fortes et actives tout le monde le dira, tout le monde en connaît, tant mieux pour elles et pour vous qui les connaissez, c'est moi au fond qui suis malade, qui ne sais pas applaudir ce que je ne sais pas être, forte et active, et ce n'est pas votre problème si je regarde le monde depuis le lit de ma mère, depuis le fond de son misérable sommeil de femme qui attend ce qui n'arrivera jamais, le baiser d'un prince charmant qui aurait traversé des forêts d'épines pour la rejoindre, qui aurait fait de sa vie un chemin vers elle, mais il ne viendra jamais car il n'existe pas ou n'a pas voulu d'elle, il n'existe pas mais il vaudrait mieux qu'elle le croie mort en route, quelque part dans les plantes voraces, mieux vaudrait dire à ma mère qu'il est désormais prisonnier des roseaux, depuis tout ce temps dispersé aux quatre coins du royaume pour qu'elle puisse mourir à son

tour en imaginant qu'elle fut follement désirée, que
son échec à vivre n'a rien à voir avec elle mais avec
le sort d'un autre, le sort de s'être perdu pour elle, la
Belle au bois dormant morte d'avoir dormi trop longtemps.

Et moi je ne dors pas, je ne peux pas dormir, comment pourrais-je dormir avec elle sur les bras, je ne
peux que penser à elle et rager qu'elle dorme ainsi,
m'obligeant à vivre deux vies, la mienne et la sienne
d'abord, m'obligeant à faire deux fois tout ce qu'elle
n'a pas su faire avec mon sexe qui voyage de par le
monde, avec mon corps qui pourrait porter l'enfant
de toutes les nations, et ça servira à quoi pensez-vous,
cette manière de multiplier les coïts comme si c'était
là le but de la vie, en sera-t-elle satisfaite de ma vie de
vivre pour elle, saura-t-elle se réjouir d'un excès qui
n'est pas le sien et d'avoir vécu pour ça, pour moi,
pour me permettre de me traîner de lit en lit et
rejouer mille fois le moment du départ, pour me coucher et me relever aussitôt, enfin presque, le temps de
quelques caresses, quitter le lit avant que son sommeil me rattrape, le quitter jusqu'à ce que ce ne soit
plus possible d'y rester car avec les années il aura
perdu la mémoire de l'amour qui dure, il aura pris la
forme de mon départ, et ce jour-là je pourrai dire que
j'ai réussi, j'aurai pris toute une vie pour réussir cet
exploit, quitter un millier d'hommes, oublier leur
nom le temps de sortir du lit.

*
*   *

Il est difficile de penser les clients un par un car ils sont trop nombreux, trop semblables, ils sont comme leurs commentaires sur internet, indiscernables dans la série de leurs aboiements où reviennent les mêmes exclamations baveuses, she has such a nice ass but she has fake boobs, ils ont d'ailleurs tous le même nom ou presque, Pierre, Jean et Jacques chez les francophones et Jack, John et Peter chez les anglophones, et après tout je n'ai pas envie d'y penser de cette façon, je veux dire un par un, je perds déjà trop de temps à les faire jouir et ça ne sert à rien, qu'à les confondre un peu plus et qu'à me donner la nausée, je préfère croire qu'il s'agit toujours du même homme, d'une même figure d'homme sans origine ni avenir, apparu là derrière la porte et sorti de nulle part, je veux croire qu'il s'agit toujours de la même queue que je chatouille chaque fois de la même manière, et lorsque je rentre chez moi le soir, je ne me souviens bien que de l'argent, je dis à qui veut l'entendre aujourd'hui j'ai gagné tant d'argent, et là je compte les billets un par un, plusieurs fois de suite pour bien m'imprégner de cet argent apparu là et sorti de nulle part, cent soixante-quinze plus trois cent vingt-cinq dollars, il faut calculer encore et encore jusqu'à ce qu'il ne reste plus qu'un chiffre unique que je décompose ensuite en une multitude de choses à acheter, une nouvelle robe pour l'été avec le sac à main assorti, la nouvelle palette d'ombres à paupières Chanel en vente au centre Eaton, des ongles qu'il faudra d'abord poser et du vernis pour les vernir, des fleurs pour garnir le balcon et de l'engrais pour les engraisser, vous voyez, j'en ai pour deux jours à ne plus me souvenir de Pierre, Jean et Jacques, deux jours où je me viderai la tête de Jack, John et Peter, où il n'y aura plus rien à penser que l'argent et ce qu'il y a à acheter, comme si j'en mourais d'envie, comme si la robe, le fard et les fleurs allaient se mettre à la place de tout ce que j'ai à oublier.

Mais c'est quelquefois au-delà de mes forces, je veux dire oublier, réduire les clients à un seul homme pour ensuite le réduire à sa queue, parfois ils prennent trop de place, eux et leurs manies, on oublie qu'ils ont un sexe de les voir ainsi malades, on voudrait pleurer avec eux car c'est la seule chose qu'il conviendrait de faire, et dans ces moments-là ce n'est plus à l'argent que je pense, on ne peut pas penser à l'argent dans ces moments-là, on ne peut que penser que jamais plus on ne pourra oublier ça, la misère des hommes à aimer les femmes et le rôle qu'on joue dans cette misère, la caresse du désespoir qu'on nous adresse et la chambre qui se referme sur nous, et moi je dis que même en fermant les yeux très fort pour ne plus faire que ça, fermer les yeux sur tout, même en fuyant très loin pendant toute une vie, rien ne nous fera oublier la dévastation de ce qui a uni la putain à son client, rien ne fera oublier cette folie vue de si près qu'on ne l'a pas reconnue, enfin pas tout de suite, qu'au moment où on s'est retrouvée seule et qu'on n'a pas su ne pas y repenser, comme cette fois où la porte s'est refermée sur Michael le chien, l'homme de six pieds qui voulait qu'on lui écrase les yeux avec les pouces, je ne sais rien de lui parce qu'il ne m'a jamais parlé, et à bien y penser il lui aurait fallu trop de

temps pour me raconter l'histoire des connexions qui
l'ont amené à jouir du mépris qu'on lui porte, à se
masturber en se représentant la cruauté des autres
à lui donner des coups de pied, et ce n'est pas pour
rien qu'on l'appelle le chien, comment oublier cet
homme qui jappe et qui geint comme une bête, qui
veut qu'on le frappe au visage en lui criant de ne pas
décharger, je ne t'ai pas demandé de me regarder,
cabot, baisse les yeux et lèche ça, prends ça, ça t'apprendra, et qu'est-ce que cette larve de chien qui
bande malgré les coups de plus en plus assurés, malgré l'absurdité de bander ainsi de la douleur et de la
honte de me faire voir à moi putain le plus triste des
spectacles, la dévotion de l'esclave à son maître,
et ensuite quoi, comment ne pas exécrer la vie à la
sortie de ce tableau, comment ne pas chercher ce qui
se cache derrière le complet de tous ces hommes au-
dehors qui traversent la rue pour aller au travail,
la petite valise qui vole au bout du bras et qui donne
du sérieux à la démarche, comment ne pas avoir la
nausée des institutions et des édifices à bureaux,
enfin de tout ce système de chiens qui jouent aux
hommes d'affaires, et si un jour je le croisais au-
dehors dans le vrai monde, à l'extérieur de cette
chambre, je me détournerais de peur de ne rien lui
trouver d'anormal, de peur de ne pas reconnaître
en lui la marque de la folie et d'être moi-même devenue un peu folle, oui, ne faut-il pas être folle pour
frapper les gens uniquement parce qu'ils le demandent, ne faut-il pas être une larve pour putasser ainsi,
avec les chiens, jusqu'à oublier à quel point je ne sais
plus rien refuser, jusqu'à ignorer que dans tous les

autres cas c'est moi qui suis la chienne, la dévote de
larve qui geint parce qu'on le lui demande et qui
baisse la tête lorsqu'on lui remet l'argent.

Et pourquoi donc ne pourrais-je pas garder la tête
haute et défier le client de mon insolence, compter et
recompter devant lui les billets de banque pour
rendre sa présence importune, lui signifier que jamais
je ne me rabaisserai à ce que je vois de moi dans son
regard, à cette bête rampante et servile qui n'a de
force que pour se pencher et fermer les yeux, je n'en
sais rien, et si je baisse la tête, est-ce vraiment pour
ne pas faire face à ce à quoi je suis réduite, ça non
plus je ne le sais pas, parce que c'est toujours à
recommencer peut-être, parce que trois mille hommes
à défier jour après jour ne peut que m'épuiser inutilement, parce qu'il vaut mieux renoncer au plus vite et
se pencher pour en finir avec l'interminable de ce
combat dont je n'ai pas envie de toute façon, et pourquoi ne seraient-ils pas eux-mêmes misérables de
payer pour ça, seulement pour ça, se faire sucer comme
si les putains ne vivaient que pour se mettre à genoux
devant n'importe qui sur le trajet qui les porte du lit
au miroir et du miroir au lit, comme si se faire sucer
devait nécessairement se penser en argent, eh bien je
ne le sais pas non plus car il n'est pas possible
de savoir quoi que ce soit lorsque les questions qu'on
se pose ne sont pas de vraies questions, lorsqu'elles
ne s'adressent à personne ou à trop de gens en même
temps, et peut-être sont-ils misérables après tout mais
ce n'est pas important qu'ils le soient ou pas, ceux qui
payent seront toujours plus grands que ceux qui sont

payés en baissant la tête, et ce n'est pas moi qui le veux, c'est une loi de la nature, on n'a qu'à observer l'affrontement des loups entre eux, des loups et des lions qui n'en savent rien du jugement qui diffère selon les points de vue, ils ne savent que ce que leur dicte l'instinct, se gonfler la poitrine lorsqu'ils sont victorieux et se terrer lorsqu'ils perdent, la queue qui se dresse ou qui disparaît entre les jambes, il n'y a que les animaux qui savent rester honnêtes, voilà ce qui est vrai, tout le reste n'est que pitrerie et religion, une consolation qu'on s'accorde pour ne pas mourir de la vérité.

Et ces trois mille hommes qui disparaissent derrière une porte ignorent tout de ce que j'ai dû construire pour exorciser leur présence, pour ne garder d'eux que leur argent, ils ne savent rien de ma haine parce qu'ils ne la soupçonnent pas, parce qu'ils ont des appétits et que c'est tout ce qui importe, parce qu'il n'y a que ça à comprendre car la vie est si simple au fond, si désespérément facile, d'ailleurs ils doivent filer, retourner à leurs fonctions de présider leurs réunions, à leurs allures de père, et parfois, lorsque je suis seule ici et que rien ne se passe, je reste immobile dans le lit en écoutant le bruit de la vie qui s'anime dans l'immeuble, des casseroles qui s'entrechoquent dans la cuisine du voisin, des chasses d'eau provenant d'un lieu indéterminé, de quelque part en bas à gauche, j'écoute le trafic et les klaxons sur Doctor Penfield en prenant conscience qu'il n'est pas possible qu'on ne m'entende pas, la voix d'une femme qui jouit peut percer tous les murs, se rendre jusqu'au lobby, ma voix doit se rendre dans la rue pour se perdre dans la cacophonie urbaine, pour mourir entre deux klaxons, et dans la certitude d'être entendue par la vie qui s'anime autour je m'exerce à parler tout haut comme le font les gens fous, je parle de tout et de rien sans m'interrompre pour qu'il n'y ait pas de trous entre les mots, pour que ça ressemble à une prière, et il faut que les mots défilent les uns sur les autres pour ne laisser aucune place à ce qui ne viendrait pas de moi, je parle comme j'écris, assise sur le lit, devant les rideaux tirés de la fenêtre, en tournant sur moi-même, en fixant les murs, les draps, le fauteuil, la table de chevet, la mousse sur le plancher, je m'adresse à ce qui se tient ici en sachant que ça ne sert à rien, qu'à parler sans arrêt, ça ne sert à rien mais il faut s'entêter pour ne pas mourir sur le coup d'un silence trop subi, tout dire plusieurs fois de suite et surtout ne pas avoir peur de se répéter, deux ou trois idées suffisent pour remplir une seule tête, pour orienter toute une vie.

Quand j'étais petite, je me passionnais pour le cosmos et l'Antarctique, pour le Groenland dont la surface ocre était bombée sur mon globe terrestre, celui que mon père m'avait offert en me confiant qu'il aurait voulu être navigateur pour vivre au large et se laisser aller là où le vent porte, sans famille à nourrir, et assise par terre dans la bibliothèque de l'école primaire, feuilletant des revues entre deux rangées de livres, je pleurais sur ces paysages froids et filamenteux, impitoyables, je pensais en voilà trop, pourquoi la beauté doit-elle se retirer loin de la présence des hommes, pourquoi ne nous apparaît-elle qu'au bout d'une lentille de télescope ou dans des zones du globe où il faut s'entraîner toute sa vie pour y vivre, et je me voyais là-bas, flottant quelque part dans le rose d'une poussière cosmique ou dans le turquoise d'une crevasse où des micro-organismes ont fait leur nid il y a deux cents millions d'années, j'imaginais une petite planète qui porterait mon nom et dont je pourrais faire le tour en une minute, une planète grise recouverte de mignons cratères lunaires entre lesquels je ferais pousser des roses, je me voyais emmitouflée dans des peaux de loups, traversant l'éternelle blancheur des régions polaires, les immenses blocs de glace

cédant quelquefois en été, et qu'y avait-il de si éton-
nant en ces lieux, pourquoi me suis-je attardée là et
pas ailleurs, sans doute parce que les couleurs n'étaient
pas compatibles avec la vie, parce que ces endroits
étaient stériles, voilà ce qui me séduisait par-dessus
tout, l'impossibilité de s'y reproduire, d'y voir un
homme et une femme s'aimer, d'y fonder une famille,
un village, une nation, voilà ce qu'est la puissance, la
vraie, ce qui est venu à bout de l'obstination des
hommes à s'installer, à habiter des lieux, et je veux
croire qu'il en restera ainsi, du cosmos et des régions
polaires, je veux croire que l'aridité l'emportera sur
le reste, et si j'ai en horreur les foules, le grouillement
humain et le vacarme des voix dans les amphithéâtres,
si je porte mon regard loin des phénomènes de masse,
c'est peut-être qu'on m'a trop souvent répété que je
n'étais qu'une poussière dans l'immensité de l'univers, un tas de molécules dont l'espérance de vie ne
peut qu'être dérisoire, une étincelle qui ne changera
rien aux retombées du Big Bang, et couchée là dans
l'herbe en comptant les étoiles avec les enfants du
voisinage, essayant de repérer la Grande Ourse, je me
suis peut-être dit que s'il fallait que je sois une poussière, du moins le serais-je en retrait, loin des autres
poussières qui s'agglutinent, loin de leur agitation
et de leur désespoir de se découvrir poussière, et
depuis le jour où on m'a poussée vers l'école, un sac
vide dans le dos, depuis que j'ai compris qu'il y avait
dans le monde des millions d'enfants comme moi,
pleurant sans gêne sur des crayons de cire parce que
des centaines d'enfants les avaient déjà réduits en
bouts de crottes bons à être jetés, j'ai su que c'était

moi ou eux, qu'il ne fallait plus aimer les livres et les gens car il y en avait trop et que de ce trop je devais sortir, le réduire à rien car il pourrait prendre toute la place et me faire oublier de quelqu'un, de qui je ne sais plus, voyez-vous je suis toujours la première à faire ces choses-là, partir et oublier, et je ne laisserai personne me clouer au lit, au grand jamais, et je ne vais pas vous parler de ma mère, rassurez-vous, je n'en ai plus envie, je suis déjà loin de son monde de sommeil et de lits, je dois maintenant traquer mon père dans son va-et-vient entre le travail et la maison pour m'assurer qu'il est bien de son espèce, qu'il est de la même nature que les autres dont je me joue autour d'une table, les ridiculisant d'un clin d'œil que je ne leur adresse pas.

Mon père est croyant, il va à l'église et implique Dieu dans tout, la méchanceté des hommes le concerne directement, d'ailleurs il ne s'en lasse jamais et s'en étonne à chaque fois, il fait comme si ça l'étonnait mais je sais qu'il est à l'affût, qu'il n'a d'oreilles que pour les mauvaises nouvelles à la télé et dans les journaux, le malheur du monde le fait parler et il m'ennuie car il se répète un peu, il délire et puis de toute façon le discours sur la guerre ne m'intéresse pas, c'est trop vaste, trop loin de ma collection de lingerie Lejaby, la guerre ne m'intéresse pas sauf les charniers que j'ai vus fumer sous le ciel africain dans un reportage sur le Rwanda, des centaines de milliers de corps amputés par les machettes par quarante degrés, ça ne peut pas s'oublier, pas même par moi qui oublie tout, et les cadavres de ce pays ne peuvent déjà plus s'appeler cadavres tellement ils se décomposent vite, tellement la force de la nature à cet endroit recouvre tout, les champignons qui poussent à vue d'œil et la merde qui devient fleur, c'est ça la loi de la jungle, la vie qui reprend sa place et la senteur aussi, le rouge du sang sur le noir de la peau, cette sauvagerie de couleurs de peintures fauves, le massacre de ces gens étranges dans un pays de choléra et de machettes, je ne peux pas le comprendre, moi qui ne suis préoccupée que par ma silhouette de schtroumpfette, ma sveltesse de putain qui se maquille avant le petit déjeuner, et puis la politique et ces choses-là ne sont pas des sujets abordables pour un père tel que le mien, c'est trop compliqué et ça demande un effort, il faut savoir oublier Dieu le temps de regarder le monde en face, et surtout mon père veut croire que ce sont tous les hommes, les Noirs comme les Blancs, qui sont malades de pouvoir, égoïstes et sans compassion, il aime penser que nous vivons sous le règne du mal et quoi encore, que cette vie d'ici-bas ne sera jamais une vie mais une épreuve, une lutte acharnée contre mille vices qu'il faut dénoncer, oui, il faut souffrir intensément sinon l'idée du paradis sera moins belle, et plus on souffre et mieux est faite la preuve de la bêtise des autres, des hommes et de leurs sales désirs, et plus on souffre de la bêtise et plus le paradis devient probable, et pourquoi avons-nous un sexe pour s'en servir de cette façon, un sexe qui se paye d'une éternité à brûler vif, à brûler comme je tombe, infiniment, le corps qui se régénère à même le feu pour qu'il puisse continuer à brûler, voilà la véritable torture, la peau qui reste vierge car elle ne porte pas la marque de la brûlure d'hier, tomber dans cette éternité de bûcher et ne plus pouvoir être ailleurs, mourir sans cesse mais jamais jusqu'au bout.

Mais je ne suis pas certaine que mon père y croie vraiment, à l'éternité de la torture et à la béatitude, et qu'il y croie ou non n'a d'ailleurs aucune importance car ce sont les histoires qu'il me racontait avant de dormir dont je me souviens le plus, le Veau d'or et la mer Rouge que j'imaginais rouge, Sodome et la statue de sel à ses pieds, une femme morte de s'être retournée vers la ville en flammes, l'image était si belle dans l'excès du châtiment, une femme statufiée sur-le-champ, tout entière minérale et blanche, et je me suis souvent demandé ce qu'il a pu advenir d'elle après que la ville fut rasée, le lendemain, à la lumière de ce qui s'est passé, fut-elle transportée et conservée comme une œuvre d'art ou fut-elle laissée à elle-même, la silhouette qui s'aplanit dans le vent jusqu'à n'être plus qu'un tas de poudre inutile, qui sait, l'histoire ne le dit pas, l'histoire ne s'intéresse pas à ce genre de choses, le sort après le sort, et si mon père ne s'y intéresse pas non plus il m'a toutefois mise en garde contre la désobéissance, il m'a appris la témérité des femmes à manger le fruit défendu, il m'a aussi raconté qu'on ne savait pas pourquoi cette femme ne devait pas se retourner vers la ville mais qu'elle l'avait fait, voilà ce qu'on devait comprendre, que ce n'était là qu'une épreuve pour voir jusqu'à quel point elle tenait à la vie, jusqu'à quel point sa nature de mère allait la détourner de Dieu, mais papa ai-je demandé, est-ce que je serai changée en statue

de sel à mon tour, est-ce que Dieu me mettra aussi à
l'épreuve, je ne le sais pas ma fille mais tu dois rester
gentille et demander pardon, toujours, pardon à ceux
que tu auras offensés, pardon pour avoir menti, volé,
tué, pardon pour avoir en toi une tache indélébile, la
morsure du serpent, il faut dire que mon père aimait
me parler de serpents et de Marie, de cette mère de
Dieu, debout sur un petit globe terrestre, le pied droit
sur la tête d'un serpent noir, mais pourquoi a-t-elle
les pieds nus lui ai-je encore demandé, le serpent ne
va-t-il pas la mordre, il lui faudrait des bottes de cuir
pour se protéger, et chaque soir je priais les mains
devant la bouche, mon Dieu faites que je sois bonne,
que mon père m'aime et que je sois bonne, protégez
ma famille et quoi encore, c'est trop loin derrière moi
et je ne prierai plus jamais de toute façon, j'ai envie
de rire quand j'y pense, mon Dieu faites que je sois
bonne, donnez-moi du courage, pardonnez-moi mes
offenses et faites que mon père me croie bonne, j'ai
dû répéter cette phrase pendant deux ans parce qu'il
m'avait surprise nue avec un garçon qui cherchait du
bout des doigts un point entre mes jambes, j'avais les
yeux fermés d'avoir mal et c'est à ce moment de ne
plus vouloir que j'ai entendu la voix de mon père, une
voix de fin du monde qui a prononcé mon nom, et
depuis la vie n'a plus été pareille, depuis que la vision
de moi grimaçante s'est installée entre nous, j'avais
dix ans ou un peu moins quand c'est arrivé, c'est
donc à dix ans que j'ai commis ma première offense,
que je n'ai plus été la fille de mon père, et ce jour-là
c'était la fête des mères, je me souviens de la chaleur
qu'il faisait dehors, la honte et le soleil de mai se sont

réunis pour moi ce jour-là, j'aurais dû être avec elle à me montrer heureuse qu'elle soit ma mère, j'aurais dû être avec elle et j'ai choisi le garçon car déjà à cet âge je préférais les hommes à la laideur, j'étais d'ailleurs très jolie à ce moment, la puberté n'avait pas encore fait ses ravages et je ne pensais pas à maigrir, j'avais déjà un soutien-gorge que je remplissais de mouchoirs, deux dans chaque bonnet, car dans mon empressement à devenir une femme je ne croyais pas possible que mes seins puissent ne pas être de la même taille, je ne savais pas que grandir avait un poids qui pouvait ne pas se répartir également.

Quand j'étais petite, j'étais la plus belle et on m'appelait les yeux bleus, voilà les yeux bleus qui arrivent, voilà les yeux bleus qui pleurent, j'étais un beau rêve qui rend nostalgique toute la journée jusqu'à la nuit suivante, et toute la journée on repense au rêve en se disant qu'il aurait mieux valu y rester, que le déroulement des saisons y était plus près de ce qu'on désire, que la vie devrait ressembler à ça plutôt qu'à autre chose, plutôt qu'à moi ou à n'importe quoi me tombant sous la main, comme la queue de mes clients, mais oui je sais bien, le lien est trop facile, dès qu'il y a une main ou une bouche se trouve aussi une queue, mais ce n'est pas moi qui l'ai décidé ainsi, c'est la vie des hommes et des femmes et non la vie du rêve, surtout pas la vie de mon rêve où je suis si belle qu'il n'est pas possible de me quitter des yeux, je suis telle qu'il est absolument impossible de m'oublier lorsqu'on m'a vue une seule fois, je hante l'esprit des gens pour toujours grâce à cette beauté inégalée, les yeux verts qui brillent sous des cheveux foncés, presque noirs, le front haut et le nez tout petit, les joues saillantes, les lèvres roses et pulpeuses qui couvrent la moitié du visage, des lèvres qu'on a immédiatement envie d'embrasser, capables d'un sourire qui tue, une femme pour laquelle tous les hommes quitteraient leur femme sur-le-champ, une femme qui pourrait se choisir un homme parmi tous les hommes de la terre et qui aurait un destin, un vrai destin de ne pas pouvoir être autre que soi-même, la plus belle et la plus désirée de tous les royaumes, et chacun prononcerait mon nom plusieurs fois par jour, les hommes que je préférerais seraient ceux qui m'en voudraient de les emprisonner ainsi, de leur enlever le désir de porter leurs regards ailleurs et d'aimer une autre femme, et dans ce rêve j'aurais aussi une sœur à qui je ressemblerais, on serait des jumelles inséparables, elle réussirait là où j'échouerais et vice versa, on aurait chacune nos forces et nos faiblesses parce qu'il faut savoir rester humain même dans ses rêves, on serait adorables et impitoyables, on ne se trahirait jamais et si on le faisait on se réconcilierait vite dans les larmes et le regret, dans la joie de se retrouver encore une fois unies par un lien que nul ne saurait détruire, pas même un homme parce qu'on ne se battrait jamais pour eux, non, on serait toutes deux le miroir offert à l'autre dans lequel on se reconnaîtrait mutuellement, on serait à la fois l'une et l'autre, la même femme se dédoublant jusqu'à en soumettre le monde.

Et parfois, je parle de mon double au psychanalyste, ma wonder woman qui grandit dans mes pensées depuis toujours il me semble, je parle de ma
sœur magique à qui j'ai imaginé une autre sœur
pour qu'elle ne s'ennuie pas lorsque le devoir m'appelle ailleurs, à l'université ou ici dans cette chambre
où je reçois les clients, je lui ai donné une sœur
comme on donne un miroir aux perruches, pour
qu'elle puisse supporter l'étroitesse de sa cage, pour
qu'elle ait une vie sociale dans la solitude de ma tête,
et à bien y penser j'ai un double depuis que la vie
m'a fait comprendre qu'une autre aurait dû se trouver là où je suis, une autre indestructible venue pour
me rappeler que je n'avais pas le génie qu'on me prê-
tait et que mon acharnement au travail ne viendrait
jamais à bout de la maladresse de mes doigts sur
le clavier du piano, et parfois, lorsque j'attends un
client ou que le cours du matin m'ennuie, je me
raconte l'histoire d'une grande famille de femmes
comblées par un seul homme, je me raconte une
mère et ses deux filles, une mère qui serait la fille
d'un homme et de qui elle aurait eu ses filles, j'imagine les deux filles portant l'enfant de cet homme qui
serait à la fois leur père et le père de la mère, et les
deux filles mettraient logiquement au monde de
petites filles, deux chacune, elles-mêmes futures
épouses de leur père, sept femmes transmettant sur
trois générations la particularité d'être toutes les
unes pour les autres, à la fois mères et sœurs et filles,
elles formeraient un clan indivisible et leur ressemblance serait redoutable car personne ne pourrait les
différencier, partout dans le monde elles feraient

l'objet d'un culte amoureux, elles seraient vénérées
par des hommes qui se battraient entre eux pour
participer de ce prodige, pour être le prochain géni-
teur, le père d'une lignée de filles-épouses, de mères-
sœurs, et ce père élu par elles ne pourrait pas les
reconnaître, non, chacune gardant au fond d'elle-
même le secret de l'identité de celle qu'elle aurait
portée, et je ne sais pas pourquoi je pense à ça, j'aurai perdu la moitié de ma vie à me vouloir là, insérée
quelque part dans cette famille où la fraternité serait
une affaire de sœurs, et qu'en pensez-vous monsieur
le psychanalyste, faudra-t-il que ça cesse, faudra-t-il
prendre ma place parmi les autres et non prendre la
place des autres, mais comprenez-moi, je ne suis plus
responsable de leur prolifération, elles m'ont coloni-
sée si profondément que leur disparition me viderait
d'un seul coup, mon corps réduit à ses organes, et si
un jour j'ai une fille je la baptiserai Morgane, je
fusionnerai en elle la morgue et l'organe, je lui don-
nerai un nom qui porte en lui le poids de la vie et le
froid de la mort, mais ne vous inquiétez pas car je
n'aurai jamais de fille, c'est trop long, trop charnel,
trop de temps à gonfler et à se contracter, mieux vaut
imaginer l'élargissement de sa personne dans ses
fantasmes, imaginer des femmes qui se multiplient
d'un coup de baguette, d'une formule magique, et il
faudrait pour les faire taire que je me coupe la tête,
que les hommes ne se retournent plus sur les femmes
dans la rue et que les femmes se défassent de leur
miroir, il faudrait qu'il n'y ait plus qu'un seul sexe
par exemple ou que toutes les femmes se suicident
d'un seul coup de dégoût, il faudrait voyez-vous trop

de choses improbables, je continue donc de rêver car il faut bien après tout s'adapter à la réalité.

*

*   *

Avant ma naissance, mon père menait déjà son existence d'homme, à ce moment il était beaucoup plus jeune, à peine vingt ans, il faut dire qu'il est plus facile de bander lorsqu'on est jeune, d'oublier Dieu le temps de se soulager, et déjà il signifiait à ma mère qu'elle n'était pas la seule femme de sa vie, qu'elle ne pourrait jamais l'être car que peut-on faire devant la multitude de femmes à aimer, devant leurs seins qui se donnent en spectacle, qui battent le rythme de la marche et qui se tendent à perte de vue, eh bien on ne peut que vouloir les toucher, on ne peut que les faire venir près de soi pour mieux les détailler, comme le faisait sans doute mon père dans cette fabrique de sous-vêtements où il a travaillé pendant quelques années, où il devait paraît-il faire parader devant lui les couturières en sous-vêtements pour en contrôler la qualité, pour ajuster au besoin ce qui était trop serré ou pas assez, avec le bout des doigts j'imagine, resserrer les bretelles et suivre la broderie, tirer les coutures pour les faire céder et rester songeur devant le résultat, mon père était chargé de contrôler la qualité des sous-vêtements, c'est ma mère qui me l'a dit, il était le représentant des ventes, voilà pour-quoi il a beaucoup voyagé à l'extérieur du pays, la petite valise pleine d'échantillons, et ce n'est pas tout car il offrait de l'argent pour l'essayage, certaines devaient s'y prêter mieux que d'autres, les plus belles et les plus jeunes sans doute, enfin celles qu'il devait solliciter plus que les autres, celles pour qui on aime fabriquer des sous-vêtements avec des armatures et de la dentelle, un tissu transparent qui laisse voir les mamelons.

Bien avant ma naissance, mon père avait déjà quitté ma mère, il y avait déjà ma mère qui se laissait mourir, et elle aurait pu comme les autres se prêter à ce genre d'exercices, parader devant les hommes pour les exciter, s'ingénier à se déshabiller n'importe où et permettre à tous de promener leurs doigts sur sa poitrine et ailleurs, enfin s'assurer qu'elle ne manquerait jamais d'un regard sur elle, oui, mieux aurait valu qu'elle le fasse, qu'elle devienne une putain, mais je suis arrivée dans cette jeunesse où il aurait été encore temps pour elle d'être belle, elle s'est alourdie de moi à ses jupes qui la rendait mère et elle ne pouvait plus être la putain de personne maintenant qu'elle était mère, elle méritait le respect pour avoir donné la vie et je crois que ça lui a suffi car je suis restée enfant unique, enfin presque, les sœurs mortes ne comptent pas lorsque vient le temps de changer les couches et de rester à la maison tandis que le père voyage pour affaires, tandis qu'il s'en met plein les mains des autres et de leur poitrine, de leur liberté de putasser sans la pensée d'un enfant à mettre au lit, et puis d'ailleurs mon père ne l'a plus touchée depuis qu'il a fait son devoir de lui faire un enfant, depuis qu'il s'est affairé sur ses employées, leur faisant porter mille satineries qui se sont ensuite retrouvées dans les magasins à rayons, vendues à des milliers de mères qui cherchaient à exciter leur mari, en vain car le satin est infiniment plus excitant sur les jeunes filles qui n'ont pas eu d'enfants, tous les hommes le diront, voilà pourquoi il ne faut plus avoir d'enfants, jamais, pour ne plus offrir aux hommes une jeunesse à se mettre sous la dent, il ne faut plus se contenter de se méfier des grands méchants loups qui réclament le petit chaperon rouge, il faut leur donner une bonne leçon, leur montrer qu'eux aussi sont devenus vieux et laids, qu'ils doivent reprendre leur place et garder les mains sur eux, mais rien ne sera fait car il n'y a que moi pour s'en plaindre, c'est moi qui n'accepte pas de vieillir et d'avachir sous le poids d'une grossesse, qui ne veux pas disparaître derrière un enfant, voilà pourquoi je n'en aurai jamais, pour ne pas risquer d'avoir une fille qui vienne à chaque instant me rappeler que je n'ai plus vingt ans, pour ne pas voir ma fille parader en sous-vêtements et putasser avec Pierre, Jean et Jacques, avec un père qui n'aura d'yeux que pour elle.

Et j'aimerais vous dire la splendeur des paysages et des couchers de soleil, la senteur des lilas et tout le reste, ce qui rend heureux, l'inoffensif de ce qui n'a pas de sexe, comme une nuit étoilée ou encore l'histoire d'un peuple, la naissance du Christ et la conquête de l'Antarctique, je pourrais vous décrire la beauté du monde si je savais la voir, raconter comment la foi et le courage peuvent venir à bout des plus grands malheurs, mais je suis trop occupée à mourir, il faut aller droit à l'essentiel, à ce qui me tue, et surtout je dois savoir pourquoi il en est ainsi, je le sais déjà mais il faut m'en convaincre, savoir hors de tout doute ce que j'ai à faire, payer de ma vie la mort de ma mère, oui, j'ai tué ma mère, je lui ai pris sa jeunesse et l'attention des hommes, et ce n'est pas ma faute direz-vous car je n'ai pas choisi de naître ainsi, de cette mère et dans cette famille, et moi je dis qu'on peut être coupable sans avoir choisi ou fait quoi que ce soit, on peut être coupable d'avoir été là où il ne fallait pas, d'avoir vu et entendu des choses qui ne nous concernaient pas, de la mort du Christ et du génocide des Juifs, de la saison des pluies qui tarde à venir et de l'écrasement d'un avion dans la mer, et moi je suis coupable de la laideur de ma mère et de la mienne aussi, je ne dois plus en contaminer le monde ni la transmettre à une autre qui devra en mourir à son tour, et ce qui me tue était là bien avant moi, en germe quelque part dans les gestes que ma mère n'a pas posés, le vide a un poids et je vous jure qu'on peut en hériter, on peut porter en soi le récit de trois siècles sans histoire, de dix générations oubliées parce qu'on n'a rien à en dire ou parce qu'il n'y aurait à dire que ce qui n'a pas été fait, et moi je n'en veux pas de cette histoire qui ne se raconte pas ni aucune des autres, ces histoires de gloire et de harems, de foules ensorcelées et d'athlètes en chaise roulante, je ne veux pas de cette vie garnie d'horaires, de levers et de couchers entre lesquels on se répand en gestes répétés, en rendez-vous d'affaires, je ne veux pas de la vie que tous vivent sans accroc ou presque, une petite crise à l'adolescence et une autre dans la quarantaine, un divorce et une hypothèque, les menues contrariétés qui tissent le quotidien, rien à voir avec moi, avec la broche que j'ai dans les yeux, avec le dérapage de ma pensée dans le lit de ma mère.

À bien y penser, je ne connais personne, pas même cette mère qui me hante pourtant, comment peut-on connaître quelqu'un qui dort et qui se tait, quelqu'un qui n'est pas vraiment quelqu'un à force de n'être pas là, à force d'être une statue de sel à la mémoire d'un dieu qui a depuis longtemps perdu la mémoire d'elle, enfin depuis que le vent lui a enlevé sa beauté, et d'ailleurs tous l'ont déjà oubliée sauf moi peut-être, je dois y penser pour tous ceux qui n'y pensent plus, voilà pourquoi je la déteste, pour avoir fait de moi celle qui doit y penser, la seule qui doive la faire vivre jour après jour dans son esprit même si c'est d'une vie de haine et de lits, et pour toutes ces raisons mon esprit meurt aussi, il meurt du poids de ma mère et pas n'importe lequel, d'un poids de cadavre qu'on ne fait bouger qu'à grand-peine et dont la raideur gêne les déplacements dans l'escalier, c'est dire combien la vie ne lui est plus naturelle, et je devrais l'enterrer une fois pour toutes, la recouvrir des métaux les plus durs pour qu'elle ne puisse plus refaire surface et me pourchasser de son étreinte de pieuvre, de sa menace d'oiseau de malheur, il vaudrait mieux qu'elle se lève et qu'elle porte une dernière fois sa propre charge, qu'elle se jette du haut d'une falaise pour s'écraser dans les rochers, mais pour qu'elle se tue il lui faudrait du courage, il lui en faudrait beaucoup pour reconnaître son poids d'être là sans y être, pour qu'elle ne soit plus une larve l'instant d'en libérer le monde.

*

* *

Il est vrai que je parle beaucoup, je parle trop mais jamais devant le psychanalyste, sa présence gêne le développement de ma pensée, d'ailleurs il ne s'y intéresse pas, il est trop spécialisé, centré sur ce qu'il entend derrière ce que je dis, sur ce que je sais sans le savoir, il ne sert à rien de dire quoi que ce soit lorsqu'on sait à l'avance que ce n'est pas ce qu'il conviendrait de dire, lorsque l'attention du psychanalyste se pose de toute façon ailleurs, là où il n'y a rien, là où ça ne fait ni chaud ni froid, et par moments j'en ai assez, couchée là sur le divan, je ne supporte plus de le laisser se réfugier dans les tracas de son quotidien, dans les courses à faire et le prochain livre à écrire, et lorsque mon désir de l'arracher à son confort est plus fort que mon silence, je lui raconte les rêves que je fais la nuit pour qu'ils puissent parler à ma place, écoutez ceci monsieur le psychanalyste et voyez par vous-même, je suis beaucoup plus intéressante la nuit, le sommeil me rend presque jolie, je fais des rêves à grands déploiements, de tempêtes et d'orages, de dangers mortels et de codes secrets, je rêve d'ascenseurs en chute libre qui s'écrasent au millième sous-sol, qui foncent sans que rien ne les retienne vers des mondes d'humidité et de cafards d'où il n'est plus possible de sortir parce que le trou s'est refermé au fur et à mesure de la descente, je rêve d'édifices de mille étages qui s'effondrent sur la tête des gens en fuite, une multitude de fourmis aveugles fuyant sans prendre garde aux voitures qui passent, je rêve de fonds marins abyssaux et de communications télé-phoniques qui coupent, allô maman, je ne t'entends plus, ne pleure pas maman, où es-tu, j'ai perdu ton numéro, je l'ai oublié, mais réponds-moi, je t'entends mal, et pourquoi mes doigts sont-ils paralysés, pour-quoi ne puis-je plus parler, et ça se prolonge de mille manières, on ne répond pas, le téléphone sonne dans le vide, dans l'espace infini des circuits électriques, on ne répond pas car on sait que c'est moi, car c'est un faux numéro, parce que la ligne est engagée et que je n'ai plus d'argent, je suis perdue au bout du monde, tout en haut d'un édifice sur le point de céder ou là-bas au fond d'un puits rocailleux, allô maman, où es-tu, comment ai-je pu m'éloigner de toi à ce point, à mille lieues de ta vie d'où tu n'entends plus ma voix, comment ai-je pu te laisser seule dans ce lit où tu meurs, mais il faut maintenant passer à autre chose, je ne veux plus parler de ces rêves que je fais depuis toujours il me semble, depuis que j'ai vu ma mère pleurer parce que mon père ne lui téléphonait pas, mon père parti en voyage d'affaires avec son compte de dépenses, il m'a oubliée aurait-elle pu me dire si elle avait tenu compte de ma présence, il ne pense ni à moi ni à toi d'ailleurs, il est avec une autre femme sous-entendait-elle peut-être, mais laissons-la de côté car je n'arriverai jamais à bout de ce qu'elle ne m'a pas dit, et la semaine dernière ou le mois passé, je n'en suis pas sûre, j'ai rêvé que j'avais dix ans, que j'étais la fille de mon père qui veut plaire à son père, il examinait mes dessins d'enfant que j'avais faits à l'école, un ciel blanc et des nuages bleus, un

soleil jaune à rayons rouges et une prairie verte, quoi
de plus enfantin qu'un dessin où les cheminées par-
tent de travers sur le toit des maisons, mais tel n'était
pas l'avis de mon père, regarde m'a-t-il dit, le mal
est dans le ciel, il est en germe et attend de naître
pour rougir, pour incendier le papier, et lorsque j'ai
regardé le ciel de mon dessin des serpentins bleus
le recouvraient, un ciel tourmenté où des remous
emportaient les étoiles, à marée basse de la voie lac-
tée, et bientôt le ciel s'est mis à bouger, à grouiller de
serpents bleus de moins en moins bleus, passant du
bleu au noir, c'est le noir du sang du serpent m'a
répondu mon père comme si je lui avais posé la question, comme si je ne le savais pas déjà, le ciel dégoûtant de millions de serpents noirs, mais non papa tu
te trompes, ce n'est qu'un ciel tout blanc et bleu
comme la robe de Marie, mais oui c'est vrai, c'est un
ciel bleu aujourd'hui mais le mal s'y cache tout de
même, il s'est insinué entre les nuages, regarde de
plus près, on le devine, il est partout et surtout dans
les dessins d'enfants, surtout dans ta tête d'enfant
car plus tard tu seras aussi un serpent, tu n'en auras
pas l'air mais tu le seras, tu grouilleras derrière les
apparences d'un ciel bleu, mais ce n'est pas vrai
papa, ce ne peut pas être vrai, et dans ce rêve j'étais
triste car il n'y avait plus rien à faire, le mal était fait,
nécessaire, et lorsque j'ai voulu lui montrer les autres
dessins que j'avais en main pour lui prouver qu'ils
étaient sans malice, ils avaient pris feu, les prairies
s'étaient changées en bateaux de pirates à bord des-
quels des hommes s'entre-tuaient et se jetaient par-
dessus la passerelle, on avait hissé le drapeau de la

mort et la mer était rouge, on entendait un fond
sonore de hurlements qui annonçaient qu'ils étaient
tous damnés, quel rêve tragique monsieur le psychanalyste, c'est à dix ans que je suis devenue mauvaise,
voilà ce qu'on doit en conclure, c'était le début de la
fin, ma décadence vers la putasserie, et là-dessus je
me suis tue car tout était dit, les évidences ne s'expli-
quent pas, elles s'imposent comme on dit toujours
lorsqu'on veut en finir avec les questions, et de nouveau le silence et les tracas des courses à faire, et si je
ne tiens pas à parler davantage, si je ne veux pas en
savoir plus, c'est que mes rêves sont trop clairs, je
souffre de ma cohérence et de la vie qui me donne
trop de réponses, et puis de toute façon pourquoi
aurais-je besoin d'un psychanalyste pour ajouter du
poids à mes récits, pour m'ennuyer de ses paroles
que je n'écoute pas parce que je les ai prononcées
mille fois déjà, je n'en sais rien, parce que mes
parents ne doivent pas s'en tirer à si bon compte,
parce que je dois payer et que quelqu'un devra
témoigner contre moi, parce que les psychanalystes
sont justement là pour ça, pour pardonner et demander pardon, pardon ma fille, pardon maman, mais je
ne sais pas pardonner, je ne sais que serrer les dents
toujours plus sur l'insistance des queues dans ma
bouche, sur la queue de mon père qui commerce
avec les putains, et pas avec une seule je suppose car
la putain en désigne automatiquement une autre
avec son corps qui par nature en représente un autre,
et ainsi se renvoient-elles la queue de leurs clients,
la queue de mon père qui bande pour toute autre
femme que la sienne.

Et croyez-moi, j'aimerais voir autre chose que la culpabilité et la laideur, une folie par exemple, un dérèglement qui expliquerait tout, mon impuissance à ne pas mourir de la destitution de ma mère qui se rejoue sans arrêt et du désir des hommes qui ne s'épuise pas davantage, qui bientôt regardera ailleurs si j'y suis, mais voyez-vous, je suis enchaînée à mon discours, à mon point de vue de lit de mort, il vaudrait mieux que je perde la mémoire, que je puisse hurler pour ne plus l'entendre, le recouvrir d'un son qui ne puisse plus faire l'objet d'un discours, il faudrait que la folie remplisse ma vie d'un monde recréé, sans homme ni femme, un monde de litanies et de gestes pieux, de fous rires et de clochers, ce serait bien de se perdre en dévotions sous mille voiles, un chapelet de bois autour du cou, je me prosternerais jusqu'à n'être plus qu'un dos offert à mon dieu, mais c'est trop tard maintenant, on ne peut plus mener ce genre de vie lorsqu'on a la nausée de tout, ça n'arrivera jamais, la vocation et la folie, demain ce sera la même chose, je passerai devant les vitrines des boutiques du quartier tapissées de magazines et je ne pourrai pas ne pas regarder ce qu'ils nous jettent à la figure, les yeux obliques de cent adolescentes qui jouent les femmes mûres, en maillots de bain ou pire, les seins nus qui prennent toute la place, et je ne pourrais pas ne pas chercher autour de moi un regard qui me rende telle, qui me fasse prendre toute la place, qui me hisse jusqu'à cet endroit où tous pourront me voir, et me voir pourquoi pensez-vous, pour bander de moi en maillot de bain, les seins

qui pointent sous le tissu trempé, me voir pour que
disparaissent les autres, pour faire de moi la seule
qui soit, et de là je pourrai enfin montrer ma laideur
même si vous ne voulez pas en entendre parler,
je dévoilerai mes coutures de poupée qu'on a jetée en
bas du lit même si ce n'est pas le moment, je me tuerai devant vous au bout d'une corde, je ferai de ma
mort une affiche qui se multipliera sur les murs, je
mourrai comme on meurt au théâtre, dans le fracas
des tollés.

Et si je meurs avant mon suicide, c'est qu'on m'aura
assassinée, je mourrai entre les mains d'un fou, étran-
glée par un client parce que j'aurai dit un mot de trop
ou parce que j'aurai refusé de parler, de dire oui c'est
vrai, les putains sont des menteuses, de sales garces
qui éblouissent les autres femmes, les emportant en
masse loin de leur mari, vers un monde surpeuplé et
sans famille, je mourrai d'avoir tu ce que je pense
passionnément, ma contribution à ce qu'il y a de pire
dans la vie, j'aurai passé ma vie à ignorer tout du
monde extérieur, du pays des merveilles qui existe
pourtant, de l'autre côté de cette chambre, se déployant
à perte de vue vers le haut et les côtés, du moment
qu'on se donne la peine de regarder, je veux dire vraiment, puissamment, en plissant les yeux pour ne pas
laisser entrer d'un seul coup trop de beauté, je n'aurai
jamais questionné l'incidence des astres sur le destin
des hommes, ni la répercussion des habitudes alimen-
taires sur la croissance des os, de la coupe à blanc sur
la progression des déserts vers les villes, je n'aurai pas
vu la sauvagerie de l'Arctique où les banquises se

rompent au printemps dans un coup de tonnerre, où on peut voir s'étendre une toundra vieille de trois milliards d'années, la mousse rouge qui fleurit sous le regard emmitouflé des écologistes, je me serai détournée des courants marins qui balaient le fond des océans, qui se frayent un chemin sans se soucier de l'évolution des mœurs, de l'abolition de la peine de mort et de la migration des hirondelles au printemps, et si on m'étrangle sous le coup de la colère parce que ma façon toute spéciale de rester muette sera venue à bout des discours les plus assurés, ce sera pour bander de mes couinements de truie, de mon visage écarlate qui cherchera à fuir par le haut et les côtés, les joues et le front qui se tendront jusqu'à la déchirure, et croyez-moi, j'en ai envie et j'y pense tout le temps, il faudrait qu'on me retrouve morte dans le lit, les draps froissés sur le plancher qui indiqueront qu'on a pris la fuite sans prendre soin de me couvrir, de me donner l'apparence d'une femme qui dort, on a déjà vu ça souvent, des meurtriers qui posent un oreiller sous la tête de leur victime, on a déjà trouvé des femmes violées à qui on avait remis la petite culotte, comme si de rien n'était, la pudeur déplacée, venue trop tard, j'aimerais me dévoiler froide et nue à la communauté, être telle qu'on ne puisse plus me nier, fixée pour toujours, un cadavre à identifier, et le temps de recouvrir mon corps on dirait de moi la pauvre fille, on remarquerait à voix haute que le meurtrier aura été mon dernier client, qu'il s'agit peut-être de mon amant furieux de me découvrir putain, de mon père ou de ma sœur jalouse, furieuse de voir les hommes me préférer à elle, qui sait, et l'enquête s'ouvrirait sur mes parents, sur leur choc d'apprendre le contexte de ma mort, sur leur embarras d'être vus honteux par tant de témoins, ne souhaitez-vous pas un cercueil fermé, le visage ainsi convulsé pourrait faire jaser, toutes mes sympathies, les sympathies de toute la famille, ensuite une prière et quelques fleurs, leurs couleurs vives qui jurent sur le gris de l'hiver, et ensuite plus rien, l'aberration qu'aura été ma vie, la place immense d'une existence dont on ne sait rien et l'intuition qu'on y est pour quelque chose, qu'avons-nous fait et qu'avons-nous dit, le parcours à rebours de ce qui a pu aboutir à ça, la mère qui larve, le père et son péché, l'individualisme de la société moderne, le désengagement des voisins de palier, la tyrannie de la réponse qu'on doit se donner.

Je ne savais pas qu'un jour il ne me serait plus possible de changer mes idées sur la vie et sur les gens, je ne croyais pas pouvoir annoncer cent fois ma mort sans l'épuiser, sans la rendre impraticable comme ces tours de magie qu'on a regardés de trop près, je ne pensais pas continuer à y croire toujours plus et me terrifier de cette assurance, non, au commencement de vouloir mourir, j'ignorais à quel point je disais vrai, à quel point la mort se cachait derrière tous mes gestes, d'ailleurs on me dit souvent que je fais un métier dangereux, que n'importe quel fou pourrait venir à moi et me briser les os dans un moment d'égarement, m'étrangler d'une seule main et me faire voler sur les murs, des fous il y en a partout et surtout dans ce commerce de dégénérés, mais je vous dis que ce n'est jamais arrivé même si chaque fois j'y pense tout comme je pense à mon père qui pourrait se cacher derrière la porte, ce n'est jamais arrivé mais ça pourrait arriver aujourd'hui, ça pourrait arriver demain, quoi de mieux au fond qu'une putain pour se venger d'avoir été trompé par la vie, quoi de mieux que frapper des ruines avec ses poings, c'est déjà si près de n'être rien, et puis de toute façon tout le monde le dit, les putains servent à ça, à ce que les jeunes filles ne soient pas violées sur le chemin de l'école, à ce que soit préservée l'innocence des futures épouses, mais ce que tout le monde dit on ne doit pas y prendre garde car c'est la bêtise qui parle, le discours de ceux qui veulent donner le statut de droits à leurs appétits de chacals, rien n'empêchera les hommes de marquer de leur sexe tout ce qui les entoure et rien n'empêchera les jeunes filles de vouloir qu'on les viole n'importe où et surtout sur le chemin de l'école, lorsqu'elles font mine de ne pas s'y attendre, rien n'empêchera tout ça de se reproduire infiniment, c'est écrit dans le ciel comme le soleil se lève et comme les étoiles explosent, comme le début des temps du plus vieux métier du monde et le naufrage des clients dans cette chambre accrochée tout au bout d'un immeuble d'où on peut voir la ville tenir la nuit au bout de ses lumières.

Je n'ai jamais été violée sur le chemin de l'école même si je m'y attendais, même si je le souhaitais, voilà sans doute pourquoi je ne peux pas supporter que les autres le soient, c'est dire que je n'ai jamais su pousser les hommes à ne plus pouvoir se retenir, je n'ai pas su les faire sortir du droit chemin qui les menait du travail à la maison, c'est dire que même adolescente je ne l'étais pas assez, j'étais en dessous de ce que j'aurais dû être, il aurait fallu que je fasse voler mes cheveux un peu plus, que je laisse voir une petite culotte blanche sous une jupe d'écolière, il aurait fallu que je fréquente les coins sombres et que je farde toute ma personne de ma fureur, de mon désir de faire perdre la tête, et déjà j'étais comme ma mère, à céder ma place, à regarder les autres la prendre, à ne rien pouvoir faire d'autre que dormir et vieillir, disparaître dans la succession des saisons, dans la dérive des continents et le mouvement des astres, dans la conquête de l'espace et la mise en marché de milliards de choses à poudrer, à habiller et à jeter, et tous ces enfants à naître pour que ça puisse continuer, la vie et ses cycles, l'éternel retour du même, de la baise et du culte du beau, le culte de faire durer la jeunesse pendant la vieillesse, avoir dix-sept ans à cinquante ans comme les héroïnes de bandes dessinées, comme Madonna, comme toute putain sachant putasser, quoique à trente ans il devienne difficile d'être une putain car déjà les seins se tiennent loin des caresses, ils battent en retraite quelque part où personne n'a envie d'aller, sans compter les formes qui se voûtent et la décadence des cellules, alors que faire sinon se retirer du monde dans un caisson à oxygène, garder les yeux fermés et ne plus sourire, attendre une nouvelle technique, un nouveau traitement, un miracle, attendre de ne plus avoir à attendre et sortir au grand jour pour donner à voir sa beauté inaltérable de schtroumpfette vêtue de blanc, et ensuite je ne sais plus, ils vécurent heureux et eurent beaucoup d'enfants, mais en général, je ne vais pas jusque-là, je ne réfléchis pas à ce qu'il advient de la beauté une fois en marche, où va-t-elle et à qui s'adresse-t-elle, je ne le sais pas, peut-être se laisse-t-elle aller à jouir d'elle-même, à recevoir des visiteurs et faire de son quotidien une œuvre, la beauté de la bouche qui se colle à la tasse de café et de la tête qui se penche sur l'assiette, la beauté des doigts qui caressent la cuillère, la beauté de chaque geste qui se donne à chaque fois une raison d'être et enfin la vie pleine de cette raison d'être qui ne cesse de s'éparpiller en mille gestes parfaitement beaux.

Quand j'étais petite, j'étais la plus belle, je l'étais sans doute comme toutes les petites filles le sont, chacune à faire voler sa robe sous l'action de la corde à danser, j'étais parfaite dans l'ignorance de ce qui m'attendait, oui, c'est à l'adolescence que ça s'est gâté, enfin il me semble, et à l'école secondaire mes copines étaient plus jolies que moi, les unes comme les autres, elles n'ont jamais rien su de ma haine de les voir ainsi plus jolies car je me suis toujours révoltée en silence, dans le confort de mes fantasmes, dans un recoin de l'esprit où il est possible d'être morte et vivante à la fois, d'assassiner mille fois ceux qu'on aime et de se suicider en se représentant la consternation de la famille, mais pourquoi s'est-elle donné la mort, n'avons-nous pas fait tout ce que nous avons pu, ne lui avons-nous pas tout donné et même plus, et j'ai imaginé mille fois mes amies défigurées, je les ai vues grandes brûlées, leurs cheveux gris qui tom-

baient par plaques et leurs seins dont il fallait faire
l'ablation parce qu'ils étaient rongés par le cancer,
des seins pourris, des moignons de seins qu'elles
devaient ensuite cacher sous leurs bras croisés, ma
haine venait à bout de ce qui tentait de s'épanouir
autour de moi, j'étais d'ailleurs l'anorexique de l'école
car il fallait bien que je me démarque, regardez-moi
disparaître et voyez de quelle façon j'aime la vie, et
déjà je paradais dans mon refus de n'être plus une
enfant, de me répandre ainsi en rondeurs alors que
ma mère s'amenuisait toujours plus, alors qu'elle
ne voulait plus sortir de son lit, et si mes copines
m'avaient été fidèles je n'aurais jamais souhaité leur
perte, si elles m'avaient adorée au point de laisser
tomber tout le reste, si elles m'avaient suivie comme
les apôtres ont suivi Jésus-Christ, les filets de pêche à
la dérive, le cœur plein de reconnaissance d'avoir été
choisies, j'aurais peut-être fait un effort pour devenir
comme elles, charnelles et bouclées, je me serais
rangée de leur côté, mais ma maigreur les aidait à
sourire, à pencher la tête vers l'arrière pour mettre
leur poitrine en valeur, et si la plupart d'entre elles
n'avaient rien à faire de ma beauté de déportée,
d'autres auront tout de même subi mon influence,
elles auront voulu perdre du poids car les petites
fesses ne sont-elles pas plus jolies, plus féminines, ne
pouvaient-elles pas se priver de chocolat pendant plus
de deux jours, et lorsque ces quelques-unes ont commencé à maigrir, j'ai su que j'étais perdue, qu'elles
allaient me perdre, j'ai su que je devais partir pour la
ville car elles allaient me rejoindre là où je voulais rester seule, il ne faut pas oublier que j'ai eu faim pen-

dant tout ce temps et voilà que j'apprenais que ça
n'avait servi à rien, qu'à avoir faim, et pourquoi avoir
faim alors que tout le monde peut s'affamer jusqu'à
être gavé de force à l'hôpital, jusqu'à ce que le cœur
s'arrête, et à ce moment-là je les ai quittées, j'ai quitté
ma campagne pour m'installer en ville, j'ai voulu travailler et je suis devenue putain, quelle bêtise, quelle
belle suite logique d'événements, de l'anorexie à la
putasserie, il n'y a qu'un pas à faire, et il fallait bien
que ce soit ma bouche qui travaille encore, prendre
dans ma bouche tout ce que je pouvais prendre,
rattraper le temps perdu, m'entourer de kilos et de
queues, et n'allez pas croire qu'aujourd'hui je suis
guérie, non, j'ai toujours faim, tous les jours je sou-
pèse ce que je mange, est-ce que ceci va bien avec
cela, est-ce que je ne pourrais pas laisser un tiers de
cette bouillie dans mon assiette, ne pas manger ce
dernier tiers pour habiter mon corps d'adolescente le
plus longtemps possible, ma petitesse de schtroumpfette qui aime faire gonfler ses lèvres avec du silicone,
les lèvres et les seins, avoir ce que ma mère n'a jamais
eu, des lèvres et des seins, et le tiers d'une assiette
multiplié par trois cent soixante-cinq jours font cent
vingt assiettes en moins à digérer, et ce n'est pas tout
car il y a l'exercice physique, il y a la gym, le centre
d'entraînement où on trouve des appareils spécialement conçus pour raffermir le ventre, les fesses et
les cuisses, là où se concentre plus de quatre-vingts
pour cent de la masse graisseuse, et je dois y aller
trois fois par semaine, le lundi, le mercredi et le ven-
dredi, un jour pour le ventre, l'autre pour les fesses
et le dernier pour les cuisses, et quand je me surmène

je vomis parfois dans le vestiaire, ça me fait plaisir d'être malade devant les autres, je ne sais pas pourquoi, parce que la pitié est souvent préférable à l'envie, parce que devant les femmes je ne peux que rapetisser, me courber à leurs pieds pour me faire pardonner, pardon, pardonnez mes offenses, pardon d'avoir été aimée, d'avoir tué, menti, mangé, et si je peux défier mes clients et mon psychanalyste de mes silences, si je peux être audacieuse et insolente avec les hommes, je suis une larve devant les femmes, voilà pourquoi je n'ai pas d'amies, enfin pas vraiment, voilà pourquoi il vaut mieux les tenir à l'écart, m'entourer d'hommes et me barricader, oui, je déteste les femmes, je les déteste avec les moyens dont je dispose, avec la force de ce recoin de mon esprit où je les assassine, avec mon corps qui s'incline et ma bouche qui leur demande pardon.

*

*   *

Je me demande souvent ce que mon psychanalyste pense de mon cas, de ma putasserie et de ma laideur, de ma manie d'être ma mère, je ne suis pas certaine qu'il en pense quoi que ce soit d'ailleurs, que peut-on penser sinon ce qu'on pense généralement devant un culturiste pendu à ses poids comme s'il s'agissait là du plus précieux des trésors, ou encore devant une junkie affalée dans des toilettes publiques, les cloisons zébrées du sang d'une veine mal choisie, travaillée à la hâte, que peut-on se dire sinon la pitié qu'on éprouve devant la bassesse des autres, la vie réduite à un seul geste, qui frappe sans arrêt le même

mur et qui s'écrase toujours au même endroit, la vie
de recommencer encore et encore la même situation
morbide et d'en arriver chaque fois à la même conclusion, les hommes ceci et les femmes cela, les clients
et les schtroumpfettes, il tente alors de me pousser
ailleurs comme si j'étais en mesure d'y aller, comme
si je pouvais voir ce qui se cache derrière ce qui
ne marche pas dans ce qui me préoccupe tant, mon
discours est un écran paraît-il, il faut savoir parler de
ce qu'on tait, de la peur de mourir seule dans un lit
tandis que ce pour quoi on meurt court les rues, mais
dites-moi donc monsieur le psychanalyste, qu'est-ce
que ma parole peut changer à cette histoire, rien à
rien car ce qui relie les choses dans ma tête est plus
solide que la plus éclatante des guérisons de toute
l'histoire de la psychanalyse, et c'est aussi une question de confiance, je n'arrive pas à me laisser aller
avec cet homme dont je ne peux pas voir le visage, je
n'arrive pas à retenir ce qu'il me dit car ça n'a rien
à voir avec ce qui est écrit dans les livres, ce qui est
écrit est toujours beaucoup plus clair que tout ce
qu'on peut dire, moins fébrile, et surtout on peut lire
et relire à souhait les mêmes mots d'une fois à l'autre,
alors pourquoi ne prend-il pas de notes, pourquoi
s'en tenir à mes plaintes de chienne lâchées là en tas
et n'importe comment, et peut-être est-il comme mon
père, impuissant et jouisseur, et que sait-il de ma
méfiance envers lui et du dégoût que provoque le
jaune de ses ongles d'orteils que je peux voir depuis le
divan, en me couchant sur le côté, des écailles de
lézard immobile dont la fine langue rose sort sans
prévenir de la bouche pour y retourner aussitôt, un

lézard froid aux yeux fixes, encerclés de noir, que pense-t-il de l'intrusion dans la cure de ses orteils qu'il laisse voir l'été à travers les lanières de ses sandales de cuir, des orteils qui s'interposent bêtement entre moi et lui, entre mon sexe et le sien, il ne devrait pas être permis aux psychanalystes de porter des sandales, peu importe la saison, on devrait pouvoir les penser sans organes, sans poils et sans odeurs, il faudrait ne plus subir la tyrannie de leurs pieds qui détournent le parcours de la pensée, ni des dessins formés par les cernes de sueur sous leurs aisselles, et surtout il faudrait que mon histoire soit écrite de sa main, l'histoire du cas d'une putain, qu'elle soit publiée et lue par une multitude de gens, loin de mes balbutiements et de l'étroitesse de son cabinet.

Il faut savoir parler pour jouer de ce dont on parle, et ainsi joue-t-il avec ce que je dis, remaniant mes phrases avec d'autres mots, et si je veux me pendre c'est pour qu'on me porte, pour ne plus avoir à mettre le pied à terre et m'abandonner à ma lourdeur de chienne tenue en laisse, le petit chiot mou de confiance qui se laisse prendre par la peau du cou par sa maman, mais oui, quelle découverte monsieur le psychanalyste, je n'y avais pas pensé, maintenant que j'ai saisi ce lien, je n'ai plus envie de me pendre, et peut-être que vous avez vous-même envie de me porter un peu, le temps de tenir cette laisse pour me traîner à vos pieds jusqu'à poser ma bouche sur votre sexe, oui monsieur le perroquet, vous avez bien cerné le motif de la dépersonnalisation que subit toute chose dans mon esprit, mon père est comme mes clients et mes clients sont comme mon père, ma mère est comme moi et je suis comme ma mère, mais oui c'est vrai que je finis par me perdre dans tous ces jeux de miroir, que je ne sais plus qui je suis à force d'être comme une autre et que je ne sais pas davantage qui vous êtes à force de vous prendre pour un autre, ce n'est donc pas de me retrouver seule qui me fait peur mais de ne pas arriver à l'être, il y a trop de gens autour de moi qui en font apparaître d'autres, et je ne peux rien vous cacher mon cher monsieur, j'aimerais coucher avec vous mais j'aurais aussi aimé ne pas avoir à vous le dire, mais oui je sais que si j'en ai envie c'est que vous êtes comme mon père, au fond vous êtes un père pour moi, et votre femme, je m'en fous, elle est sans doute vieille et moche comme toutes les femmes de son âge, comme ma mère, d'ailleurs je suis certaine que vous n'avez plus envie d'elle, que vous regardez les magazines en vous masturbant sur des photos de jeunes filles nues qui se mettent un doigt dans la fente, et je suis certaine aussi que vous n'êtes nullement gêné par ces aveux puisque vous en avez vu d'autres, tous les jours de jeunes malades s'éprennent de leur psychanalyste, ça fait partie du cours normal de la cure, je suis désolée mais je n'aime pas employer le terme analysante pour désigner les femmes suicidaires qui se prostituent, je préfère dire qu'elles sont malades, c'est plus honnête et plus excitant aussi, être malade, c'est n'avoir rien à voir avec sa maladie et se laisser aller à gémir d'être ainsi malade, larver en toute légitimité, oui, je pense comme ma mère mais je vous l'ai déjà dit mille fois, je suis ma mère, et si elle larve, je larve aussi, et puis à quoi ça sert de comprendre si ce n'est que pour constater qu'on est une larve parce que sortie du ventre d'une larve, il vaudrait mieux me brûler vive pour en finir avec cette constatation qui se répète à chaque séance, ah mais oui je constate ici que je dors, mange, pense comme ma mère, je souffre aussi comme elle, on ne doit pas l'oublier, être comme sa mère, c'est être intégralement comme elle, jusque dans le piétinement de la pensée, jusqu'au geste de porter la tasse de café à ses lèvres, jusqu'à la sensibilité de la pupille qui se dilate dans la lumière du jour et dans la façon de se frapper la tête sur les murs, jusqu'à être coupable d'avoir été là où il ne fallait pas et d'avoir été aimée, oui, jusque dans la laideur et dans ce qu'on arrive pas à dire, jusqu'à ne plus pouvoir supporter d'être soi-même et s'endormir.

Alors je parle de tout et de rien car la règle veut que j'associe librement ce qui me vient à l'esprit, et qu'est-ce qu'associer librement, je ne le sais pas, personne ne le sait, car dans ce genre de traitement personne ne sait rien sur rien, c'est prévu ainsi, il faut suivre une formation de plusieurs années pour arriver à ne plus rien savoir, alors je décide de tout, c'est moi qui parle et interprète, je choisis le diagnostic et le remède, il ne tient qu'à moi d'être hystérique ou obsessionnelle, mélancolique ou toute autre chose, je suis d'ailleurs trop de ces choses incertaines en manque d'expertise, comment peut-on reconnaître un mal qu'on s'efforce de ne pas nommer, et on me dira que c'est mieux ainsi, qu'il faut apprendre à vivre dans l'indétermination de ce qu'on est, et le verdict est peut-être réservé pour la fin, le coup de gong de la fin de la cure, et ensuite mon psychanalyste pourra s'applaudir d'avoir gardé le silence pendant si longtemps sur ce qu'il savait depuis le début, et puis d'ailleurs que sait-il au juste, que peut-il savoir de moi que je ne sais pas déjà, je n'en sais rien, et si on voit un psychanalyste, c'est surtout pour apprendre à s'en passer, voilà le but ultime, mais moi je ne peux pas renoncer à ce qu'on me tienne la main, et si un jour j'y renonce, il n'aura qu'à se frotter la panse en déclarant avoir réussi à me convaincre d'une chose, mourir au plus vite parce que les pères ne sont après tout que des pères, ils ne quittent pas leur femme pour des starlettes qui pourraient être leur fille, lui entre autres aura su garder sa place jusqu'au dernier rendez-vous, il aura rejoué à mes côtés mon malheur de petite fille délaissée par sa maman, attablée à ses rêves d'enfant, la tête plongée dans l'assiette de n'avoir pas trouvé d'appui, il aura fait la preuve qu'une si grande déception peut se revivre encore et encore un nombre infini de fois, que ce n'est pas l'humanité qui se trompe sur ce que valent les hommes et les femmes mais les esprits malades comme le mien, les esprits serviles de cafards qui n'ont pas reçu d'yeux pour se voir de peur qu'ils en crèvent, enfin que ce n'est pas eux mais moi qui suis du mauvais côté de la vie, celui du lit de ma mère, de sa cave humide de sorcière.

Encore une fois, je dois parler de tout ce que je vous jette à la figure, mais couchée là sur le divan

je me tais la plupart du temps, je dors ou fait mine
de dormir car je déteste parler de vive voix, parler de
ma voix de rat pris au piège, parler ce discours de bestiole qui court dans la lumière du jour pour retrouver
son coin sombre, et je déteste gémir alors que je voudrais briller, mais oui j'en suis encore là, à vouloir
être belle dans ce que je dis, à vouloir dire d'une seule
traite la fureur de ce que je pense, le grand méchant
loup qui traque le petit chaperon rouge et le petit chaperon rouge en manque d'un loup qui le traque, m'a-
t-on donné ce à quoi je n'avais pas droit ou n'ai-je pas
eu droit à ce que je désirais follement, et quelle est
cette chose que j'aurais eue en trop ou trop peu, on
ne le sait pas non plus, il faut voyez-vous réinventer la
vie pour en savoir quelque chose, ensuite je suppose
qu'on doit se frapper la tête très fort avec les poings
pour y croire car moi je n'y crois pas, je ne crois pas
en ce que je pense avoir eu ou pas, et ce n'est pas
important de toute façon si le résultat reste le même,
le résultat de ne penser à rien d'autre qu'à la saleté
des hommes à répandre leur sperme dès qu'ils ont
une minute, à se vider de leur crasse comme si c'était
là un exploit, et je vous mets au défi de vous retenir
quelques jours pour voir si vous n'allez pas vous
mettre à réfléchir, mais ça n'arrivera pas, jamais, pas
de nos jours où on maquille les fillettes et où on doit
avoir dix-huit ans toute sa vie, où le trémoussement
des fentes se colle au moindre regard jusque dans les
contes de fées, mieux vaut continuer à se soulager
comme le font les chiens, sur les bornes fontaines ou
tout autre débris sur quoi on peut lever la patte,
mieux vaut continuer à regarder ces stupidités améri-

caines et en redemander, s'émerveiller chaque fois devant le même film où il n'y a que la schtroumpfette qui change, la poupée qui veut retenir son homme à la maison, mais pourquoi n'es-tu jamais là, ta carrière est plus importante que ta famille, je suis si seule et j'ai besoin de toi, je m'ennuie car je n'ai rien d'autre à faire que me faire belle pour toi, ne va pas conquérir le monde ou sauver l'humanité, reste ici à me prendre dans mon nouveau déshabillé et vois comme je suis désirable sur cet écran, vois comme je fais bander les hommes dans la salle, vois comme je ne suis que ça, infiniment bandante, infiniment déshabillée, et pendant que tu te bats pour que justice soit faite je cours les boutiques et les chirurgiens car il ne sert à rien d'avoir du courage lorsqu'on est vieille, et puis la jeunesse demande tellement de temps, toute une vie à s'hydrater la peau et à se maquiller, à se faire grossir les seins et les lèvres et encore les seins parce qu'ils n'étaient pas encore assez gros, à surveiller son tour de taille et à teindre ses cheveux blancs en blond, à se faire brûler le visage pour effacer les rides, se brûler les jambes pour que disparaissent les varices, enfin se brûler tout entière pour que ne se voient plus les marques de la vie, pour vivre hors du temps et du monde, vivre morte comme une vraie poupée de magazine en maillot de bain, comme Michael Jackson dans la solitude de sa peau blanche, enfin mourir de n'être jamais tout à fait blanc, tout à fait blonde.

C'est vrai, j'enrage de ne pas être au palmarès des plus belles femmes du cinéma américain et de ne pas savoir séparer les héros de leur héroïsme, j'enrage aussi de devoir me terrer chez un psychanalyste pour ajuster mes idéaux à ma laideur, je souffre d'être plus belle en rêve que partout ailleurs, de voir chaque jour à la télé ce à quoi je dois renoncer, et puis je ne peux pas être si laide me direz-vous si des hommes acceptent de payer pour coucher avec moi, c'est encore vrai, tout ça est vrai, je suis beaucoup plus laide pour moi-même que pour les autres et pour certains je suis même très belle, je veux bien le reconnaître si ça peut vous réjouir, mais ce n'est pas de ça que je parle, ça n'a jamais été de ça, ce dont je parle, ce n'est pas à moi de vous le dire, je le répète sans pouvoir mettre le doigt dessus, voilà pourquoi j'en reviens toujours à ma mère car elle sait mieux que moi pourquoi on l'a quittée, elle saurait mieux que moi définir sa laideur qui est aussi la mienne, mais encore une fois elle a trop à pleurer, à couvrir l'absence de mon père de ses gémissements de chienne, de son agonie de larve qui se tord de ne pas ouvrir les ailes, et puis de toute façon elle n'a pas d'ailes et n'en a jamais eu, elle s'est effondrée bien avant d'avoir pu voler, le petit oiseau oublié au fond du nid, perdu dans sa coquille, écrasé par la vigueur de ses petits frères, et comment a-t-elle survécu, on ne le sait pas, d'ailleurs il ne suffit pas de survivre pour se dire vivant, il faut savoir marcher seul, il faut pouvoir sortir du lit de temps en temps même si c'est pour aller gémir ailleurs, aller mourir dans les bois par exemple, loin des regards de sa fille, mourir en laissant croire qu'elle a voulu fuir son malheur et prendre un nouveau pays, se donner une chance de n'être plus une larve en quittant sa for-

teresse de princesse endormie et aller ainsi à la rencontre d'un baiser qui pourrait lui rendre la vie.

Mais j'allais oublier qu'elle est vieille et laide maintenant, personne ne voudra l'embrasser, pas même
les aveugles car ils savent sentir les choses et surtout
ces choses-là, la vieillesse et la laideur, ils s'en détourneraient comme on se détourne de la vermine, avec
la force de l'instinct qui tient la main devant la
bouche, ils se couvriraient la tête avec les bras car il
ne suffit pas d'ignorer l'horreur pour s'en protéger,
il faut aussi en finir avec sa proximité, la renvoyer aux
cirques et aux ghettos, aux hôpitaux et aux camps,
il faut la circonscrire et n'en pas parler ou seulement
au passé, et ces hommes se détourneraient de ma
mère en se figurant dans leurs têtes d'aveugles une
femme à la mesure de son odeur, ils la verraient
avec la puissance de ce qu'ils ont de nez et d'oreilles,
ils la reconnaîtraient à sa démarche de sorcière, au
bruit que font les cheveux gris lorsqu'ils tombent, ils
iraient se mettre à l'abri en priant Dieu pour qu'elle
ne fasse que passer, et au moment de les voir fuir
elle pourrait les pourchasser jusqu'à ce qu'ils oublient
l'existence de ce qu'il y avait avant, le parfum des
fleurs et le chant des oiseaux, elle pourrait les pourchasser jusqu'à ce qu'ils retrouvent la vue et rejoignent leur maison pour ne plus vouloir en sortir,
et enfin elle irait s'échouer sous leurs fenêtres comme
le font les baleines sur la plage lorsqu'elles en ont
assez d'être le plus gros des mammifères marins,
elle pourrait creuser une tombe à coups de poing en
criant leur nom, hurler longuement la nuit pour les

rendre sourds à tout autre bruit et les empêcher de trouver le sommeil, pour qu'ils se défenestrent en lui demandant pardon, pardon d'avoir ainsi déserté son baiser jusqu'à la mort, l'obligeant à choisir entre sa vie et la leur, oui, il vaudrait mieux qu'elle sache les rendre coupables de son malheur et qu'ils périssent de n'avoir pas voulu s'en faire aimer, et moi je dis qu'il ne faut plus laisser les femmes à leur laideur en déclarant qu'elles doivent rester au lit et ne plus se montrer aux enfants de peur de les rendre muets ou de les faire vieillir d'un seul coup, qu'elles doivent se tenir à l'écart des autres et de leurs aspirations au bonheur, il faut qu'on leur cède la place ou qu'on les exécute sans plus attendre, il faut les regarder en les invitant d'un sourire même si c'est d'un sourire nerveux, pressé d'en finir, et d'ailleurs pourquoi la laideur ne serait-elle qu'une affaire de femmes, n'avez-vous pas remarqué que tous les hommes sont bossus ou grenouilles dans les contes de fées, ils n'ont que leur désir pour séduire ces femmes qui ne sont jamais grenouilles ni bossues mais toujours les plus belles, ces impérativement désirables qui sauraient reconnaître leur prince parmi mille, même bossu, même grenouille, ces femmes symétriques qui se regardent dans le miroir, miroir, dis-moi qui est la plus belle, qui se regardent ravies par l'excès de leurs cheveux travaillé par le vent et leurs seins musclés d'héroïnes de bandes dessinées dont elles se servent comme d'une armure, l'infirmité ne pardonne pas chez les femmes, tout le monde le dira, alors que faire d'elles sinon les livrer aux chirurgiens, les farder et leur promettre du plus beau et du plus gros, du plus petit et du plus blond, tirer profit de leurs préoccupations de larves avec des pots de crème et des hormones, des souliers qui ne se portent qu'au lit, de petits souliers de verre pour lesquels on fait la file devant les boutiques en pensant au sac à main qu'on devra acheter et à la garde-robe qu'il faudra changer.

Ma mère n'a peut-être pas toujours été ainsi, il lui a sans doute fallu du temps pour vieillir de cette façon, de cette vieillesse de lit, des années à perdre la mémoire des gestes ordinaires, se lever, se laver, manger et aimer, et moi enfant je la trouvais belle, enfin il me semble, je ne sais plus, là étendue au soleil dans son maillot rouge, je la préférais à mes tantes qui parlaient de leur poitrine en s'inquiétant de la démarcation que laisseraient les bretelles dans leur dos, et elle était mince je crois, toute menue à proximité de ses sœurs, et toutes trois prenaient gentiment du soleil entre sœurs pour bronzer leur peau de Blanches qui s'enflammait déjà sous la couperose, elles s'occupaient déjà à cacher ce qu'elles n'étaient pas, brunes et robustes, et sur ses photos de jeunesse on voit bien que ma mère était jolie, enfin qu'elle n'était pas laide du tout, il faut dire qu'on est toujours plus beau en noir et blanc, la peau devient claire et lisse, les rougeurs disparaissent et bien davantage, on y est plus jeune aussi, au moins dix ans de moins, on s'éloigne de ce qu'on est à la lumière du jour, devant le miroir au petit matin ou encore sous les néons des supermarchés, on se rapproche de nos rêves dans ces tons de gris qu'on encadre parfois sur une table de chevet, et ainsi ma mère peut-elle contempler cette jeunesse

depuis son lit, et à quoi pense-t-elle lorsqu'elle se voit
si jeune et si belle, ce n'est pas certain, peut-être a-
t-elle oublié qu'il s'agit d'elle à force de vieillir, peut-
être ne veut-elle pas croire que c'est elle de peur
de découvrir que même jeune et belle mon père ne
l'aimait pas, de peur de devoir faire le tour de ce
qu'il lui manquait pour être une femme digne d'être
aimée, comme le charme et la gaieté, l'espoir et la
douceur, enfin tout ce qui se cache derrière la photo,
le sourire qui perdure au-delà du flash, l'assurance
de la démarche et la parole surtout car ma mère ne
parle pas et n'a sans doute jamais parlé, voilà peut-
être ce qui lui manque par-dessus tout, des ailes pour
voler et une voix pour parler, pour dire les choses
autrement qu'avec le tac tac de ses doigts qui s'arra-
chent les ongles et qu'on devrait faire taire à coups
de rasoir, et voilà pourquoi sa bouche se réduit à cette
fente muette, et si par miracle elle parlait, n'allez pas
croire que ça la réveillerait, n'allez pas croire que les
fenêtres voleraient en éclats et qu'elle se tiendrait
droite au milieu du lit, non, son discours ne supporte-
rait pas de s'entendre, il s'accrocherait au lit d'avoir
si peu à rejoindre, qu'une photo de jeunesse et même
pas après tout car les photos ne répondent pas, elles
ne font que vieillir comme les gens, elles jaunissent
comme jaunissent les cheveux blancs, et bientôt sa
jeunesse encadrée jaunira aussi, elle vieillira jusqu'à
ce que se perde l'idée qu'il y eut pour elle une vie en
dehors de cette chambre, de ce lit, en dehors de ce
vieillissement en parallèle d'elle et de sa photo d'où
il n'est plus possible de sortir.

Et que pensent mes clients de tout ça, de ma mère
et de leur femme, de moi et de leur fille, du fait que
meurt leur femme et qu'ils baisent leur fille, eh bien
que pensez-vous qu'ils en pensent, rien du tout j'en ai
peur car ils ont trop de réunions à présider en dehors
desquelles ils ne songent qu'à bander, et lorsqu'ils me
confient d'un air triste qu'ils ne voudraient pas que
leur fille fasse un tel métier, qu'au grand jamais ils
ne voudraient qu'elle soit putain, parce qu'il n'y a
pas de quoi être fier pourraient-ils dire s'ils ne se tai-
saient pas toujours à ce moment, il faudrait leur arracher les yeux, leur briser les os comme on pourrait
briser les miens d'un moment à l'autre, mais qui
croyez-vous que je sois, je suis la fille d'un père
comme n'importe quel père, et que faites-vous ici dans
cette chambre à me jeter du sperme au visage alors
que vous ne voudriez pas que votre fille en reçoive à
son tour, alors que devant elle vous parlez votre sale
discours d'homme d'affaires, de vacances de Noël à
Cuba et de toujours nouveaux programmes informa-
tiques, que faites-vous ici alors que vous redoutez
qu'elle suce à la file toutes les queues de tous les pères
de tous les pays, et d'abord qui vous dit qu'elle n'en
est pas une elle-même de putain car il y en a tant, de
plus en plus jeunes et de moins en moins chères, qui
vous dit qu'elle ne putasse pas avec votre père et vos
frères, qu'elle n'ouvre pas les jambes à tous les cos-
tumes de toutes les professions et qu'elle ne ramasse
pas chaque fois le même aveu de ces pères qui ne
voudraient pas que leur fille soit putain, et comment
cette masse de putains a-t-elle pu se former ainsi, à
l'insu de l'intérêt public, comment vos filles ont-elles

pu ouvrir la bouche sur le premier venu, eh bien elles le sont devenues sur le chemin de l'école, vous vous rappelez, la petite jupe d'écolière que le vent soulève sur la petite culotte blanche, elles le sont devenues dans le regard qu'on a porté sur elles et elles le resteront jusqu'à la fin, jusqu'à ce que la vieillesse les rattrape et les renvoie sous les draps où elles pourront longuement repenser à leur démarche de jupe soulevée par le vent, à leur vie de se déhancher, et faites bien attention car elles vieilliront d'un seul coup ou presque, quelques clients suffiront pour que se relâche la précieuse étroitesse de leur fente et qu'agenouillées devant une queue la torpeur remplace l'étonnement, et n'allez pas croire qu'elles soient innocentes ou victimes, elles l'auront bien cherché, d'ailleurs elles n'auront fait que ça, elles bavent d'être regardées tout autant que les hommes qui les regardent, et bientôt elles ne rougiront plus de voir s'embrasser les couples sur les bancs publics car elles auront déjà tant embrassé, elles n'iront plus visiter leur grand-mère car elles se seront perdues en route, elles seront là où on les aura appelées, déshabillées quelque part dans une chambre ou sur une page de magazine, et puis un jour vous vous retrouverez face à face et penserez mon Dieu, ce n'est pas vrai, dites-moi que je rêve, vous vous demanderez pourquoi elle et pourquoi moi et vous ne comprendrez pas, vous ne comprendrez pas qu'il faut être deux pour jouer à ce jeu, un pour frapper à la porte et l'autre pour l'ouvrir.

*

*　　*

Dans la troupe de mes clients se trouve un deuxième Michael qui fut autrefois un Jack et qui voulait sans doute brouiller les pistes en changeant de nom, comme si on pouvait se faire oublier d'un nom, comme si les noms intéressaient les putains, et peut-être après tout a-t-il lui-même oublié ce nom d'emprunt qu'il s'était donné, peut-être a-t-il un jour cédé à un caprice avant de se présenter à ma porte parce qu'il en avait assez de tenir dans une seule syllabe, parce qu'il voulait éprouver la froideur avec laquelle je me suis toujours tenue devant lui, et ce Michael arrive toujours dans ses habits noirs, avec son chapeau et son manteau qui le désignent comme juif, et je l'ai secrètement baptisé le corbeau du Sabbat, je l'ai baptisé ainsi à cause de l'aura funèbre qui l'enveloppe, de son nez en bec d'aigle et surtout de ses petits yeux brûlants qui ne vous lâchent pas, Michael qui traîne sa judéité entre les jambes de putains qui ne sont pas juives, surtout pas, il doit se garder de faire savoir à la communauté qu'on peut bander par-delà les lois de Yahvé, qu'on peut chercher l'aventure partout et jusque dans le ventre de jeunes goyes, et croyez-moi il me fascine, mon rabbin qui s'amène presque tous les jours avec ses boudins gris mis derrière les oreilles et sa chemise d'où pendent de grands lacets jaunis, de petites tresses en ficelle qui servent à je ne sais quel pratique de son culte dont je ne sais rien ou presque, que les capuches rondes qui couvrent la calvitie et la cuisine kasher, les prières qu'on pleure devant un mur de pierre et la circoncision, il me fascine parce qu'il me rappelle Moïse, l'homme de mes cours de catéchèse et de la bible de mon père, il me rappelle Moïse avec sa longue barbe blanche de vieux sage, debout dans ses sandales de cuir qui foulent le sable du désert et dans son air de tout savoir, sondant le ciel et la mer pour s'y frayer un chemin, debout dans sa dignité de patriarche désigné par le doigt de Dieu, l'homme de toutes les vertus chargé de guider l'humanité vers la Terre promise, vers cette chambre où j'attends les clients, vers mon lit à moi où tous les peuples se rejoignent, les Japonais et les Indiens, où s'agenouille la multitude des hommes qui me désignent de leur queue, moi aussi je suis l'élue et plus encore, je suis cette promesse à l'horizon, enfin le temps de les prendre dans ma bouche et de les renvoyer à leur dieu, le temps qu'ils se ressaisissent et qu'ils retournent à leur vie de penser qu'ils sont uniques et choyés, qu'ils sont dans le droit chemin de ceux qui détiennent la vérité, je pense à Moïse qui se tenait bravement dans la nuit et la tempête, portant à bout de bras les tables de la Loi comme un nouveau-né offert en sacrifice, oui, Michael est ce Moïse autour duquel se déchaînait la foudre comme si l'enfer pouvait venir du ciel, comme si la damnation allait se lézardant sur la tête des gens, les grands éclairs blancs découvrant par intermittence le peuple du début des temps et des idoles, du Veau d'or qui siégeait du haut de la fête, Moïse, père de tous les pères qui a dû coucher avec sa servante parce que sa femme était stérile disait-on, et que Moïse ait pris

111

sa servante n'est pas si sûr, il s'agit d'Abraham peut-être ou de Noé, peu importe, il s'agit d'un homme parmi les hommes à longues barbes blanches et aux airs de vieux sages, un homme parmi les hommes qui préféraient de loin les putains à leur femme, qui honoraient Dieu dans la putasserie, mais oui elle avait bien un nom cette servante, elle s'appelait Agar, elle avait un nom mais il ne suffit pas d'avoir un nom pour être à sa place, il ne suffit pas d'être citée dans la Bible pour n'être pas une putain, et si j'avais été cette autre femme, Sarah, je vous jure que je les aurais tués avec mes mains, tous les deux, je les aurais tués avec la rage de la mer Rouge et des buissons ardents, je l'aurais fait bien avant qu'ils se touchent, bien avant que le sexe du vieux corbeau aborde celui de la jeune putain, et ensuite je me serais tournée vers le ciel en hurlant que je sois pendue, crucifiée, que je meure d'avoir été trahie, mais quelle sorte de dieu es-tu pour pousser les hommes dans les bras de leur servante et pour laisser les servantes faire la putain, et si au contraire j'avais été cette servante, je me serais donné la mort, j'aurais défié Dieu de me foudroyer, de me changer en statue de sel pour laisser l'humanité en dehors de ce crime, pour que l'Histoire fût autrement, ailleurs, dans la vie des pères et des mères qui marchent main dans la main en s'assurant que la servante marche derrière, dans la vie des enfants qui savent qui sont leurs parents et à quoi sert la servante.

Et c'est chaque jour la même chose avec le corbeau, chaque fois le même scénario, comme avec la plupart

des clients d'ailleurs, ils ont tous leur façon de bander, d'imaginer la série des trémoussements et des
soupirs qui les portera jusqu'à l'orgasme, il enlève
d'abord son manteau en me questionnant, est-ce que
j'ai envie de baiser, est-ce que j'ai envie qu'il me lèche
et quels sont ces endroits que j'aimerais qu'il lèche,
il me demande de lui faire voir à quel point je peux
ouvrir les jambes et combien de temps puis-je rester
ainsi, les jambes ouvertes, et là je lui montre, voilà
jusqu'où je peux aller, en êtes-vous satisfait, non,
il faut ouvrir un peu plus et puis cambrer le dos, jeter
la tête vers l'arrière et mettre la petite culotte sur le
côté, et peut-être puis-je me retourner sur le ventre et
me déhancher devant lui, les fesses bien hautes,
d'abord tout doucement et ensuite avec fureur, en
prenant soin de gémir à chaque coup de rein, et là je
fais tout ce qu'il me demande du mieux que je le
peux, j'adore baiser à distance, lui dans le fauteuil
et moi sur le lit, lui et moi s'affolant de voir l'autre
s'affoler, j'aime qu'il se masturbe pendant qu'il me
questionne, d'abord à travers l'étoffe de son pantalon
et ensuite dedans, la main qui s'agite par saccades,
j'aime sa façon de me vouloir à la portée de la main
sans me toucher, de vouloir que se répète un geste, un
cri, de me regarder comme on regarde un film, les
yeux perdus dans l'écran, ses yeux noirs couronnés
d'épais sourcils blancs qui voyagent entre les seins
et la fente, et ce serait parfait s'il en restait là, s'il ne
faisait pas chaque fois la bêtise de s'approcher pour
me pénétrer, ses soixante-dix ans écrasant ma personne, mais ouvre donc un peu plus les jambes ma
chérie, ma petite goye de rien du tout, et moi je ferme

les yeux sur son haleine de grand-père qui cherche ma bouche, mais non monsieur vous savez bien que je n'embrasse pas et que je ne vous embrasserai jamais, mais si tu le feras, aujourd'hui tu le feras pour moi, parce que je viens ici tous les jours, parce que je suis un bon client, mais monsieur le corbeau, si je ne veux pas vous embrasser, c'est justement parce que vous venez tous les jours, et si je vous embrasse aujourd'hui, il faudra me promettre de ne pas revenir demain, il faudra promettre de ne plus jamais revenir, et ce serait bien s'il jouissait là-dessus, sur le marchandage de mon baiser contre son départ, ce serait bien s'il n'était pas si coriace, si gros, si vieux, et dans ces longueurs inutiles, Moïse réapparaît au sommet de sa montagne, les cheveux blancs soulevés par le vent, les bras ouverts pour recevoir les dix commandements, le peuple idolâtre et la Terre promise, oui, pendant que sa bouche s'écrase sur mon visage, je me laisse aller à la colère de Dieu, à mon père qui ne se doutait pas qu'un jour j'allais devenir putain, que ses histoires me rempliraient la tête et que s'étalerait sur moi le fantôme de Moïse, il ne se doutait pas que j'allais un jour me caresser en regardant un rabbin se caresser, et qu'aurait-il fait s'il l'avait su, je n'en sais rien, il aurait peut-être fermé les yeux pour mieux se faire à cette idée, pour mieux recevoir la prophétie douloureuse de sa vie sur terre, la révélation de Moïse fréquentant les putains, de Moïse baisant sa fille chérie, sa fille unique, et ensuite mon père se serait attardé sur son aspect dans la petite bible illustrée qu'il m'avait offerte et où on pouvait voir Moïse tenant à bout de bras les tables en pierre, l'écriture du ciel au-delà de laquelle les éclairs se divisent, mon père se serait attardé sur sa longue barbe blanche et son regard de fin du monde, et dans la déception que Dieu soit mêlé à tout ça, au commerce de sa fille et d'un rabbin, il aurait fait voler le livre sur un mur, ses dix commandements à bout de bras, allant se déchirer sur le plancher de ma chambre.

Chaque jour en est un de trop dans le monde de la jeunesse, il faut du temps pour le comprendre, pour admettre que nous avons vieilli malgré l'effort et que notre vieillesse n'en est pas une, que nous ne sommes ni jeunes ni vieilles à présent car nous ne sommes plus dans la vie mais ailleurs, devant un miroir sans doute à danser et putasser pour tout un chacun, pour le plaisir de la foule qui a vieilli avec nous et qui a aussi oublié de vivre, et pour combien de temps encore devrai-je danser et putasser ainsi, je ne le sais pas, jusqu'à ce que les miroirs ne me renvoient plus que ma misère de putain et ma hantise du ventre qui s'arrondit, jusqu'à ce qu'on me désigne ma place du côté des spectateurs, du côté des revendicateurs de la jeunesse des autres, et peut-être qu'à ce moment-là je sourirai sans la pensée des rides que le sourire fait apparaître, ces rides qui auront plus de vie que toutes mes années de jeunesse, que cette mascarade de putain grimaçante et prête à jouir, et je vivrai heureuse le temps de me déshabiller de mon sexe, je connaîtrai quelques minutes de soulagement mais ensuite je me souviendrai de ma mère car il faut bien que les plus beaux moments soient marqués par la vision de son cadavre, je sourirai alors vers le bas et mes rides iront se penchant si bas qu'il ne sera plus possible de lever les yeux au ciel, et à ce moment il n'y aura plus pour moi que le sol et les lits, et j'irai comme ma mère me couvrir le visage d'un drap en réclamant l'oubli, je resterai muette car je n'aurai de souvenir que celui d'une jeunesse que je n'aurai pas su vivre.

Et si je sais si bien ce qui m'attend, c'est sans doute que j'y suis déjà, à ce qui m'attend, au sommeil et au mutisme, je suis déjà là où en est ma mère car avoir vingt ans est déjà trop lorsqu'on est une femme, lorsqu'on est putain, c'est le début des rides et des cheveux blancs et surtout du souvenir qu'on fut jadis sans rides et sans cheveux blancs, c'est le début des regards qui changent et qui ne s'attardent plus, et quand je parle de cette façon je pense surtout à l'homme de ma vie, au seul homme qui ne sera jamais un client et qui est aussi mon psychanalyste, l'homme que je paye pour qu'il entende le ressassement de ce que j'ai à dire, et peut-être vaudrait-il mieux qu'il me frappe pour de bon, qu'il me batte avec ses poings pour réduire au silence ce discours de mort qui se donne la nausée et qui en a assez de se poursuivre, qui s'épuise à détruire encore et encore ses objets de moins en moins nombreux, et cet homme a bien une femme à lui et qu'en est-il d'elle au juste, souffre-t-elle de le voir se pencher sur le malheur de jeunes putains et se penche-t-on sur elle à l'occasion, pense-t-il à elle lorsqu'il m'écoute et pense-t-il à moi lorsqu'il lui fait l'amour, voilà des questions auxquelles je préfère qu'on ne réponde pas, des questions de femmes folles qui hurlent pour s'assurer que jamais on n'y répondra et pourquoi ça, je me le demande, parce que les réponses pourraient donner tort au discours, et voilà précisément ce qu'il faut me direz-vous, mettre les folles en face de l'énormité de ce qu'elles disent, mais oui, il serait peut-être souhaitable que cette confrontation se produise si ce discours n'était pas la seule chose qu'elles possèdent, alors mieux vaut qu'elles crient encore un peu avant de les enfermer, mieux vaut qu'elles brisent ce qu'elles peuvent briser avant de les faire taire tout à fait, et où cela les mènera-t-il de les laisser se répandre en visions de fin du monde, nulle part sans doute, elles n'iront nulle part mais elles seront entendues, et ceux qui les entendront ne pourront plus ignorer ce que leur folie aura évoqué, le paysage de ce qu'est la vie lorsque personne n'est unique et que rien n'est à sa place, lorsque les mères abandonnent leurs filles aux soins de leur père, lorsque les gens et les choses se multiplient et meurent de leur trop grand nombre sans que rien ne soit changé dans l'ordre du monde.

De toute façon, il ne peut pas voir ce qui me tue, il ne peut pas le voir même en le lui répétant comme je sais si bien le faire, répéter sans arrêt ni variation jusqu'à ce que ma parole devienne un bourdonnement, une prière que je lui adresse pour exorciser ce quelque chose qui tarde à se passer entre nous, et que pourrait-il se passer exactement, je n'en sais rien, une poignée de mains qui se prolongerait toute une nuit, un baiser qui aurait trop de bouches à offrir, et puis après tout il ne peut que m'assister dans ma façon de m'allonger près de lui et de me tenir entre la supplication et l'abdication, il ne peut que tenir bon pour tous ceux qui n'ont pas tenu bon, pour ceux qui n'ont pas tenu à moi, et sans doute tient-il bon mais il ne peut rien faire d'autre ou si peu, que constater combien je suis malade de dire ce que je dis, et en fait de quoi est-ce que je parle inlassablement, de quoi s'agit-il jour après jour, eh bien je parle de lui peut-être, du seul homme que je voudrais aimer et qui est aussi le seul que je ne peux pas aimer, et si je ne peux pas l'aimer c'est sans doute pour les mêmes raisons qui font de lui un homme digne d'être aimé, un homme à sa place avec sa femme et ses enfants, un homme pour qui je suis une fille et qui ne posera jamais sur moi les gestes que tous voudraient poser, un homme sain et équilibré qui ne sera jamais qu'un psychanalyste payé pour tenir bon, et il a certainement décidé qu'un jour un homme sera amoureux de moi et moi de lui, comme si ça allait de soi, comme si l'amour était une fatalité, alors que je le veuille ou non il faudra bien qu'un homme se dresse sur mon chemin pour m'enlever sur son cheval, lui m'entourant de ses bras et moi les pieds dans le vide, moi et lui galopant vers je ne sais quelle union éternelle, et ce sera un homme comme lui sans doute, sain et équilibré, et pourquoi donc le faudrait-il monsieur le psychanalyste, vous savez bien que je n'en voudrai pas de cet homme car je ne veux que ce que je ne peux pas avoir, comme vous par exemple, je vous veux parce je ne vous aurai jamais, c'est simple et sans issue, c'est désespérément logique, le désir qui ne connaît de réalité que lui-même, et vous voyez bien que je mérite la

mort pour cet entêtement de rat qui ne sait pas rebrous-
ser chemin, pour cet acharnement de bestiole aveugle
qui finira par crever d'avoir trop avancé, vous verrez
bien, je mourrai de ce compromis que je ne veux pas
faire, et tant pis pour tous les hommes sains et équili-
brés qui m'aimeront et tant pis pour moi surtout qui
en aimerai d'autres, on finit tous par mourir de la dis-
cordance de nos amours.

Et n'allez surtout pas penser que je n'aime que les
pervers et les désaxés, les pères qui n'en sont pas, de
ceux-là j'en rencontre tous les jours, ils passent dans
ma vie par milliers sans que je puisse me rappeler
leur nom qu'ils ne me disent pas de toute façon, que
Pierre, Jean et Jacques, des noms usés d'hommes sans
importance, infiniment interchangeables comme les
putains qu'ils fréquentent, il faut dire qu'il est plus
facile de les reconnaître par la singularité de leur sexe
que par celle de leur visage, d'ailleurs il ne sert à rien
d'avoir un visage dans ce commerce, non, qu'est-ce
qu'avoir un visage lorsqu'on ne peut pas le nommer,
et à bien y penser il s'agit toujours du même, client
après client, toujours le même visage qui nous rappelle quelqu'un sans qu'on puisse dire qui, un grand
oncle ou le copain d'une amie parti sans laisser
d'adresse, mais oui, je sais bien que j'ai un nom, comment peut-on être sans nom dans ce monde où on
peut payer pour le changer, je m'appelle Cynthia et
vous le savez déjà, ce nom n'est pas vrai mais c'est le
mien, c'est mon nom de putain, le nom d'une sœur
morte qu'il m'a fallu remplacer, une sœur que je n'ai
jamais pu rattraper, et avant je m'appelais Jamie et

j'avais les cheveux noirs, mais ce nom ne m'allait pas disait-on, il était trop américain, trop vulgaire, et moi je suis du type français et sophistiqué paraît-il, alors pourquoi ce nom de Cynthia me conviendrait-il davantage, je n'en sais rien, parce qu'il leur rappelle irrésistiblement une autre, parce que dans ce métier on est sans cesse à leur rappeler quelqu'un d'autre, parce que maintenant je suis blonde et que ça n'a pas d'importance, parce que avec le temps je n'ai plus eu cet air français et sophistiqué qui m'aurait valu un nom français et sophistiqué, comme Murielle ou Béatrice, Léonie ou Françoise, et puis aucun nom ne peut remplacer celui que je n'ai plus, mon nom de baptême que je refuse et que vous ne saurez pas car il a été choisi par ma mère, elle a choisi pour moi un nom commun porté par des millions de femmes, un nom que je ne veux plus nommer, jamais, pour exister en dehors de ce qui a été pensé par un cadavre, pour enfin sortir de son esprit de larve, et puis enfin des noms de putains il y en a tant qu'on peut en changer tous les jours, un pour chaque jour de la semaine et un pour chaque client, on peut même en avoir deux ou trois par client et même plus, un pour chaque geste, un pour l'arrivée et un autre pour le départ.

Et puis ce monde de noms d'emprunt ne se conçoit pas en dehors de son cadre, il est difficile d'y réfléchir lorsque le client et la putain se sont fait leurs adieux et qu'ils ont retrouvé leur vie d'honnêtes gens, leur identité d'hommes d'affaires, de pères de famille et d'étudiantes, d'ailleurs ce n'est pas un sujet sur lequel je veux m'attarder, il vaut mieux revenir à mon psy-

chanalyste que j'imagine avec une femme et des
enfants, des filles et des garçons, et quel homme heureux ne fait-il pas ainsi avec sa femme et ses enfants,
quel beau portrait de famille unie et prospère, et ne
croyez pas que je sois cynique, je le dis et je le répète,
je voudrais être un homme pour avoir une femme
et des enfants, pour courir les putains qui auraient
l'âge de ma fille, j'aimerais ne pas être une femme
pour ne pas larver devant le miroir, pour ne pas avoir
cette nature de poupée qui ne me pousse pas vers
de jeunes garçons qui auraient l'âge de mon fils si je
pouvais en avoir un, j'aimerais aimer d'un amour
d'homme, aimer la jeunesse et la beauté, bander à
en perdre la vue, j'aimerais tellement de choses au
fond, c'est mon sexe qui ne veut pas, qui ne peut pas,
qui reste accroché aux jupes de ma mère et à toutes
les parois, au sommier du lit et aux photos jaunies, un
sexe qui ne bande pas, qui attend la caresse d'un
sauveur pour ouvrir les yeux ou qui est mort d'en
avoir trop reçu, comment s'en assurer, voyez-vous je
ne sais pas choisir entre l'excès et le néant, les compromis ne sont pas de mon ressort, et si ce sexe qui
se donne à qui veut payer ne peut satisfaire tous
les hommes, alors il n'en satisfera aucun, et à tout le
moins pourra-t-il me satisfaire moi-même pensez-
vous, eh bien non car on ne peut pas se satisfaire d'un
sexe qu'on ne désire pas et qui ne désire que ce qui
ne lui convient pas, un roi qui a déjà sa reine et qui
sans doute ne bande plus de toute façon, un roi qui
n'a d'aspirations que de voir naître ses petits-enfants
et de relire au coin du feu tout ce qu'il a déjà lu, alors
pourquoi devrais-je vivre dans l'espoir de la rencontre

de deux sexes qui ne pourraient que se navrer de se
voir si éteints, ça reste un mystère, parce que je ne
sais renoncer à rien ni même à ce qu'il y a de plus
regrettable, parce que tout doit échouer et qu'il faudra bien que ça arrive même si ça doit tout détruire,
alors mieux vaut mourir tout de suite car c'est bien
de ça qu'il s'agit, de vivre l'impossible ou de mourir,
et lorsque l'impossible a été reconnu pour ce qu'il est
il ne reste plus devant soi qu'un parcours de rendez-
vous manqués, la vie toute nue et sans surprise, sans
messie ni Père Noël, il ne reste plus qu'une succession
de vieux jours de façades de maison à repeindre et de
tuyauteries qui craquent.

*

*   *

Je suis l'unique lien de mon père avec le cadavre
de ma mère, moi, leur fille chérie suicidée mille fois
par noyade dans le bain d'un appartement perdu au
cœur de Montréal, moi tournée vers la fenêtre dont
les rideaux se referment sur le campus de l'université
McGill, sur l'intelligentsia anglophone, moi sacrifiée
autant de fois sur le même lit sans sommier et livrée
à n'importe qui pour n'importe quel motif, et vous
devriez voir mes parents lorsqu'ils sont ensemble,
à ne pas se regarder ni se parler et encore moins se
toucher, à n'évoquer l'autre qu'à la troisième personne, ton père ne vient pas dîner, ta mère n'est pas
dans son assiette, ton père travaille tous les soirs et
ta mère dort toute la journée, ton père ne me parle
plus et ta mère ne me répond pas, et ils pourraient
continuer ainsi jusqu'à ce que je ne sois plus là, et

quand je serai morte ils auront perdu leur poupée chérie qui aura vécu pour osciller entre les deux et porter de l'un à l'autre une parole floue qui ne s'adressait à personne en particulier, et comment ont-ils pu me concevoir, c'est un mystère, peut-être furent-ils amoureux le temps de s'accoupler mais j'en doute, j'allais oublier qu'il n'est pas nécessaire d'être amoureux pour bander ou pour ouvrir les jambes, il n'est même pas nécessaire d'y penser, et peut-être bien que ça arrive de temps à autre mais je ne vous le conseille pas, il est dangereux de baiser et d'aimer en même temps, de faire l'amour comme si l'amour était un procédé, une rouerie de va-et-vient bruyants pendant la nuit de noces et aux endroits indiqués sur le calendrier, lourde de l'exigence de l'avant et de l'après, des yeux qui brillent autour d'une bouteille de vin et des baisers de bonne nuit qui sentent le sperme.

Et sur ce point je suis comme un homme s'il est vrai que les hommes sont ainsi, à la fois prédateurs et indifférents à ce dont ils jouissent, enfin ils aiment dire qu'ils le sont et que les femmes ne le sont pas, surtout pas, comme s'il n'y avait qu'eux pour ne demander le nom de l'autre qu'à grand-peine et pour vouloir fuir sitôt soulagés, et moi je dis qu'il vaudrait mieux que les femmes puissent s'éparpiller et enlever aux choses leur poids, multiplier les événements pour n'en avoir aucun à se rappeler car elles n'en auront plus le temps, elles auront trop à faire, et si se dilapider ici et là en accouplements forcés est souhaitable, ce n'est pas par un goût de la dérision mais parce que de ces accouplements j'en ai trop vu et qu'il faut bien se faire une idée sur ce qu'on voit, parce que lorsqu'on est une femme comme il en existe des milliards, il faut savoir brandir ce qu'on brandit sans cesse à notre adresse, le désir qui cherche à s'assouvir par tous les moyens et la répétition de cet assouvissement, le désir qui se tient debout et qui n'a que faire de la douleur et du dégoût, des chichis et des larmes car il sait exactement de quoi il se nourrit, dire oui je le veux sans attendre une réponse car il ne s'agit pas d'une question, il faut savoir bander sans permission de peur d'avoir vécu sans jouir, de peur d'avoir été une femme toute sa vie.

Et maintenant, je veux parler des gestes simples du quotidien, de l'ameublement de ma petite vie de tous les jours et comme toujours il n'y a pas beaucoup à en dire mis à part ma garde-robe de putain, mes photos et mon miroir, la crème qu'il faut mettre autour des yeux avant d'appliquer le maquillage, je suis à l'âge du début des rides, on ne doit pas l'oublier, l'âge du ventre qui grossit et qui fait disparaître les fesses, des fesses qui tombent derrière les cuisses et des cuisses qui se couvrent de varices, alors après la crème vient la poudre pour le teint et le fard pour les paupières, le rouge à lèvres à étendre après avoir tracé le contour avec un crayon, le mascara et la gelée pour faire briller les cheveux, le soutien-gorge à armatures pour faire grossir les seins et tout le reste dont je ne ferai pas la liste car vous savez bien de quoi je parle, vous en avez assez et moi aussi d'ailleurs, j'en ai assez du recommencement de ce qu'on voit

partout et dont on ne veut pas parler car il ne faut pas
parler de ce qui est fait pour être vu, il ne faut pas salir
de nos réflexions le travail de ce qu'on admire sans
délais, les coutures de la chirurgie cachées sous la
dentelle et les heures passées à attendre que s'estom-
pent les ecchymoses, il ne faut pas parler mais seulement regarder ailleurs pour trouver une nouvelle
femme sur qui éjaculer, une nouvelle jeunesse à rac-
commoder sous les néons des salons de beauté dont
on exhibera les seins qu'on associera ensuite à un
nouveau produit, à une toujours nouvelle technique
pour perdre du poids et une autre pour nettoyer la
baignoire, et puis je ne vous ai pas encore parlé du
bain de la salle de bain que je remplis d'eau mousseuse avant de m'y glisser, j'y passe des heures en
attendant les clients, des heures à me raconter l'histoire de qui il faudrait être pour être admirable et
pour faire s'écrouler des empires d'un coup de rein,
et il ne faut tolérer aucune présence hors de l'eau,
telle est la consigne que je me suis donnée, que la tête
et les orteils, il est ensuite facile d'imaginer qu'ils
n'appartiennent pas à la même femme, que deux
femmes sont en réalité sous l'eau, l'une vivante et
l'autre noyée, les jambes en l'air, il est ensuite facile
d'imaginer que le torse et les jambes sont sur le point
d'être séparés par un tour de magie, la femme en
boîte coupée avec une scie, un sourire radieux d'un
côté et de l'autre des pieds qui s'agitent pour saluer
le public, des heures à se figurer l'échec de la recon-
nexion, le beau visage contracté par l'horreur d'être
deux, la panique des jambes qui ont perdu leurs yeux,
je profite si souvent du bain que je n'ai pas envie de

proposer aux clients d'en prendre un avec moi, il ne faut pas introduire leur sexe dans ces instants si précieux, ce temps perdu où je ne pense pas à eux, et là se trouve aussi un grand miroir qui se dresse avec une couronne d'ampoules rondes, il y en a quinze et c'est beaucoup trop parce qu'à ce nombre-là on ne voit plus que soi, et moi je ne veux me regarder que par petits coups d'œil, que du bout des yeux, je n'ai pas envie de me voir à ce point-là, le maquillage a d'ailleurs été inventé pour ça, pour se reposer de la vérité, et chaque fois que je me rends à la salle de bain je dois dévisser les ampoules une par une jusqu'à ce qu'il n'en reste plus qu'une, jusqu'à ce qu'une zone d'ombre s'interpose entre moi et ce qui apparaît de moi dans le miroir, faute de quoi je suis pétrifiée, absorbée par mon visage que je ne reconnais pas et qui réclame si totalement mon attention, et puis une seule ampoule suffit pour bien fonctionner dans une salle de bain, il n'y a qu'à essayer pour s'en convaincre, et chaque fois le patron m'avertit, il me dit qu'il ne faut pas toucher aux ampoules, me demande pourquoi je fais ça, que ça les brûle que de faire ça, à quoi je réponds que ce n'est pas moi, que c'est un client fou couvert de cicatrices qui ne veut pas se voir.

Et il me faut aussi vous dire les poubelles qui se trouvent sous l'évier de la cuisinette, les sacs verts remplis de petits sacs blancs remplis de mouchoirs visqueux et de préservatifs, la règle veut qu'on se charge de vider le panier de la chambre et celui de la salle de bain dans les grands sacs verts lorsqu'ils sont pleins, un débordement pourrait intimider les clients, les diminuer devant la puissance accumulée de l'éjaculation des autres, et ces poubelles cachées sous l'évier sont si impressionnantes qu'elles méritent un titre spécial, je les ai nommées la grande décharge parce qu'y échoue le sperme des clients de la semaine, le sperme si universellement amer, si totalement stérile dans cette fraternité de fosse commune, il y a là l'aboutissement de dizaines d'heures de travail, le mien et celui de toutes les autres qui travaillent ici aussi, et le sperme a une odeur particulière qui ne s'atténue pas avec le temps, je le sais parce qu'il m'arrive d'ouvrir les sacs pour sentir les mouchoirs, pour m'imprégner de l'amour des clients des derniers jours, un amour qui me concerne dans une large mesure parce que je suis ici presque tout le temps, parce que la moitié de ces mouchoirs en boules sont le résultat de mon action, de mon expertise de sucer, de putasser à la chaîne, voilà d'ailleurs pourquoi je vis, pour stocker le désir du plus grand nombre, pour m'assurer que les clients bandent au-delà de leur départ dans l'odeur des poubelles, il faut ouvrir le sac comme on se met la main au-dessus d'un rond de cuisinière, en s'approchant tout prêt pour sentir la chaleur, s'approcher sans toucher, il faut ouvrir le sac comme on aime se faire peur, le corps plié sur la balustrade d'un balcon au vingtième étage d'un immeuble, les pieds et la tête dans le vide, les bras ouverts en avion, ouvrir le sac pour se faire croire qu'on pourrait y aller pour de bon, sans retour, plonger et mourir enfin dans la multiplication de mon père, et il y a bien quelqu'un qui ramasse les sacs une fois par semaine, enfin c'est ce qu'on m'a dit, on a choisi le dimanche pour faire le ménage parce que c'est un jour mort, le jour du Seigneur et de la famille, un jour où les clients baisent leur femme et où l'agence ferme ses portes, et il ne reste rien le lundi matin des petits tas de poils gris qui courent sur le plancher, qui dérapent dans tous les coins à chaque courant d'air, dommage, il faudra plusieurs jours pour en voir apparaître de nouveaux, une succession de clients pendant deux ou trois jours pour retrouver la saleté qui est de mise dans ce métier, trop d'aisance pourrait laisser croire que leur présence à mes côtés est naturelle, dans la droite ligne de l'évolution de l'espèce, qu'il est normal d'être là dans un lit qui n'est pas le leur avec une fille qui pourrait être la leur, il faut les instruire, les informer de la place qu'ils occupent dans la chaîne de la journée, une place de rien du tout qui ne tient que parce qu'un autre les a précédés et qu'un autre les suivra, il faut les ennuyer, leur parler d'eux en terme de mouchoirs entassés dans des sacs verts, il faut leur rappeler qui ils sont, qui ils ne sont pas, les renvoyer sous l'évier une fois pour toutes pour qu'ils renoncent à jamais à faire ce qu'ils font, à le faire comme ils vont au restaurant, en révisant le menu, en commentant chaque plat, qu'ils renoncent à poser les yeux sur moi et sur toutes les autres qui ne savent rien de moi, les autres qui sont normales, socialement adaptées, synchronisées à leur putasserie, au tressaillement de leur sexe sur celui de leur père, les autres qui ne comprennent rien à mon discours car elles ont mieux à faire, car elles n'ont pas de temps à perdre, elles doivent s'exciter à la pensée d'être excitantes, s'imaginer imaginées, les autres si ajustées aux autres.

Mais en dehors de tout ça, de cet appartement dont il n'y a déjà plus rien à dire, vous ne saviez pas qu'à l'université j'étudiais la littérature, et où ces études à tourner les pages d'un livre me mèneront-elles pensez-vous sans doute, eh bien nulle part et surtout pas sur le marché du travail, c'est moi qui l'ai décidé ainsi, et si j'étudie c'est dans un but esthétique, j'étudie pour faire joli, pour faire partie de ces étudiantes qui ne sont pas encore des femmes et qui sont très excitantes dit-on, elles sont dociles et vous regardent en frémissant, oui, c'est bien pour putasser que j'étudie car il faut savoir rester cohérente dans tout et jusque sur les bancs de l'école, il faut savoir rester naïve et faire bander les professeurs de ces charmes de jeunes apprenties qui se dandinent en laissant voir leur petite culotte qu'elles portent blanche, et il est vrai que ces professeurs ne s'intéressent pas tous à leurs étudiantes, seulement quelques-uns, mais pour ces quelques-uns qui bandent je donnerais tout, j'irais m'offrir en me dandinant sur leur bureau et minaudant que je veux qu'on m'explique, racontez-moi messieurs ce que vous savez sur la vie et dites-moi ce que vous en croyez, et je les laisserais me regarder me tortillant et minaudant jusqu'à ce qu'ils en perdent la tête, jusqu'à ce qu'ils me prennent sans plus attendre et sans me demander mon nom, de toute façon un nom serait de trop dans la ferveur du geste, il s'interposerait inutilement entre moi et eux et ne servirait qu'à se perdre parmi les noms de toutes celles qui se seraient offertes avant moi, et ces hommes-là ne paieraient pas pour me prendre car pour une fois c'est moi qui l'aurais voulu, et puis d'ailleurs ils ne cesseraient pas de me le rappeler, tu l'auras voulu, tu l'auras voulu, ils le répéteraient comme si ce que je voulais ne concernait que moi, comme si ce n'était pas précisément ce qu'ils voulaient aussi, et ils le répéteraient tous autant qu'ils sont jusqu'à ce qu'il n'y ait plus que mon désir et le leur combinés dans ces mots qui ne seraient plus tout à fait une adresse, plutôt une formule pour se consoler, à mi-chemin entre la menace et le pardon.

Mais n'allez pas penser que ça pourrait arriver, cet accouplement du professeur et de l'étudiante sur un bureau quelque part dans une salle de cours de l'université, accroupis en petit chien ou peu importe la manière, encore une fois, ce que je veux ne se produit jamais surtout si je le veux follement, et il n'est pas nécessaire d'en avoir fait l'expérience pour en tirer cette conclusion, il suffit d'être moi pour le comprendre, il faut avoir cette particularité de la pensée à piétiner sur le même problème depuis le début jusqu'à ce qu'elle ait pris la forme de ce piétinement, avancer et reculer, vouloir et redouter, aimer et putasser, il faut avoir cette habitude de n'être pas à sa place et de ne vouloir aller que là où on ne nous attend pas, et qu'en serait-il de ma victoire sur les principes moraux de la horde universitaire si ça se produisait réellement, à peu près rien de toute façon, on se chuchoterait à l'oreille qu'un abus a été commis, mais où va-t-on dans ce monde où tout est permis comme le répète mon père à l'heure des nouvelles, et il ne subsisterait à ce moment rien de ce que j'aurais

voulu, rien de moi et de mon désir, il ne resterait dans
l'esprit des gens que l'inconfort du bureau qu'on
prendrait plaisir à imaginer pour y installer des
figures de professeurs et d'étudiantes qu'on substitue-
rait infiniment pour son propre compte, pour faire
joli, et là je ne sais plus, peut-être qu'à ce stade j'aurai
aussi oublié de quoi il s'agissait, d'ailleurs je n'aurai
jamais su de quoi était faite cette chose toute bête
d'une explication entre un professeur et une étudiante, de presque rien sans doute, de mon incapacité
à me tenir en dehors de ma putasserie et à ne pas
mettre à son service jusqu'aux plus discrets de mes
soupirs, de ma manie de donner un sexe à tout, jusqu'à ces études dont je dis à mes clients qu'elles sont
ce qui me rapproche le plus de la vraie vie, celle
qu'on doit bien finir par mener quelque part de peur
de n'avoir vécu que dans ses rêves, mais ne vous en
faites pas car il y a longtemps que je me raconte des
histoires, je me raconte des saletés depuis toujours,
depuis le jour où mes cheveux ont commencé à fon-
cer, depuis que je n'ai plus voulu m'asseoir sur les
genoux de mon père parce que j'étais déjà trop enve-
loppée de mon sexe, il y a longtemps que j'ai appris
à départager la puérilité de mes fantasmes et la
médiocrité de ce que permet la vie, d'ailleurs je m'occupe à ce genre de gamineries même en sachant que
c'est puéril, même en sachant que je ne les souhaite
pas, enfin que je ne souhaite pas que ça, et j'y pense
toujours lorsque je ne pense pas à mourir, et le fait de
vouloir la mort a sans doute à voir avec ces scénarios
de baise entre un père et sa fille travestis en scénarios
de baise entre un professeur et son étudiante, ces sub-

stitutions ne trompent personne et pourtant il le faudrait, il vaudrait mieux qu'elles puissent tromper car
la duperie est vitale pour quiconque veut se déprendre
de la vérité, encore une fois il y a longtemps que j'ai
saisi la nature de ce qui me ronge et c'est bien pire
dans ce cas-là car le dégoût s'accroche aux menus
détails pour s'étendre à l'ensemble du paysage, rejoi-
gnant les clients, les parents et le psychanalyste, les
cours et les professeurs, les activités de miroir et les
aspirations de schtroumpfette, et désormais on sait
trop bien ce qui ne nous attend pas, on sait le vide de
ce qui manque et le compromis des choses qui sont.

*

*   *

Jean de Hongrie est le seul Hongrois qui ait jamais
mis les pieds à Montréal, enfin c'est ce qu'il dit, il a
un petit bras qui pend de son épaule, un bras sans
muscle qu'il ne peut pas faire bouger, étrangement
inutile, un bras avorté, suspendu à mi-chemin de son
parcours, une feuille d'automne qui résiste au passage de l'hiver, et il ne peut que le déplacer avec son
autre bras dans des circonstances précises, lorsqu'il
s'habille ou lorsqu'il se couche sur le dos dans le lit,
il le place parfois derrière sa tête en m'adressant un
sourire, comme si de rien n'était, et ça se fait naturellement, c'est devenu un réflexe, un coup de peigne
qu'on se donne avant de sortir de chez soi pour se
rendre au travail, et il est probablement né ainsi mais
je n'en sais rien, voilà sans doute le plus étrange, nous
n'avons jamais abordé le sujet, non, pendant toutes
ces années, nous n'avons jamais parlé de ça, je n'ai

jamais su l'histoire de son bras qui pend inutilement de son épaule, il n'a jamais été intégré à notre rencontre, il est resté là entre nous, étranger, et chaque fois je dois l'éviter car j'ai peur de le toucher et c'est devenu naturel, un réflexe, chaque fois ma main caresse obstinément l'autre bras, toujours, d'un même mouvement vertical et frileux, je ne m'aventure jamais de l'autre côté du corps, du côté du petit bras, je ne le touche pas mais je ne pense qu'à ça, et quelle en est la texture, ce bras est-il froid, j'aimerais lui demander pourquoi il le garde malgré tout, ne pourrait-il pas s'en passer, se faire amputer, de toute façon il ne lui sert à rien, qu'à pendre et qu'à gêner les gens, qu'à prendre une place exagérée, je voudrais lui dire qu'il est plus glorieux d'avoir un bras amputé qu'une atrophie de bras au bout de laquelle pend une main morte, et s'il ne l'avait pas il pourrait le faire voyager, lui donner une histoire, une renommée, je l'ai perdu à la guerre, ce bras était musclé et adroit, il a tué de nombreux ennemis, je l'ai perdu dans un corps à corps et j'ai bien failli mourir au bout de mon sang, je l'ai ramassé et j'ai marché pendant deux jours, mais quand je suis arrivé au village le médecin n'a rien pu faire, il était trop tard, les nerfs étaient endommagés, oui, il pourrait me raconter l'épopée de son bras manquant mais non, il me parle de littérature, il ne veut pas croire que je suis étudiante, il s'étonne que de nos jours, que dans ce pays, on puisse putasser et étudier à la fois, et s'il n'y avait entre nous que cet inassimilable du bras mort je n'en ferais pas une montagne, mais il y a autre chose, Jean a une grande cicatrice rouge qui lui traverse le corps à partir du cou jusqu'au nombril, puis deux autres cicatrices qui vont du haut des cuisses jusqu'aux chevilles, de larges traînées chirurgicales hurlant à travers le poil noir, on l'a ouvert comme une grenouille me dis-je chaque fois, de haut en bas, on l'a charcuté avec des instruments rudimentaires et rouillés comme dans ces pays où on excise les clitoris, la plaie qu'on recouvre de boue et le soleil de plomb qui excite les mouches pondeuses, et qu'a-t-on trouvé dans cette poitrine, dans ces jambes, y a-t-on opéré un cœur, y a-t-on extrait des nerfs, de la moelle, je n'en sais rien car nous n'avons jamais parlé de ça non plus, comment est-il possible d'être ainsi marqué et de n'en rien dire, de faire comme si de rien n'était, de baiser une putain qui n'a jamais rien vu de tel, de si altéré, et je me suis toujours demandé comment une queue pouvait jaillir de ce rapiéçage, comment peut-on bander et jouir, comment rire, manger, avoir des opinions et un travail, comment arrive-t-il à ne pas se voir dans le miroir de la salle de bain couronné d'ampoules rondes, voilà sans doute pourquoi l'amour existe, oui, c'est dans ce sens que l'amour est plus fort que tout, l'amour d'une mère pour son enfant, puissant, transcendant, l'amour pour la chair de sa chair quelle qu'elle soit, toute rose ou sans poumons, mais ce n'est pas vrai car ce n'est pas de cet amour que les mères aiment, elles peuvent aussi ne pas aimer leurs enfants même s'ils sont normaux, même s'ils viennent au monde sans atrophie ni cicatrice, et peut-être est-il plus facile de les aimer lorsqu'ils sont infirmes, qui sait, et Jean qui s'acharne à me parler de littérature, dis-moi pas, dis-moi pas me répète-t-il lorsque je lui raconte que l'écriture est un principe de mort, que la parole n'exige pas la présence de l'objet pour s'énoncer, que cet objet dont on parle pourrait aussi bien être ailleurs, enterré depuis trois siècles, dis-moi pas, dis-moi pas, de la magie, et Jean-Paul Sartre, et la nausée qu'on éprouve devant ce qui vit, devant ce qui grandit sans se soucier de sa position occupée dans l'histoire des idées, sans tenir compte de l'échec de la science à remplacer Dieu, du religieux qui s'insinue dans le plus sûr, la chimie, la génétique, de la dérision à deux dans les draps froissés, des bouts de notions envoyés pêle-mêle à tour de rôle sans jamais parler du bras qui pend, sans jamais mentionner les cicatrices qui hurlent.

*
* *

Et dans la cohorte des hommes qui m'entourent se trouvent aussi les médecins, les savants de la santé qui se chargent de mon sexe si généreux de lui-même, qui se donne à la science et aux appareils gynécologiques avec la même légèreté que partout ailleurs, dans le lit avec les clients, geignant sur un divan ou encore me dandinant sur les genoux des professeurs, moi nue sur le dos et regardant le plafond, les jambes ouvertes, les pieds dans leur support en fer blanc, moi presque nue et attendant qu'on s'occupe enfin de moi, de mon cas de folle infectée, et ensuite la gelée, les gants et la froideur de l'inspection, le grattoir et le mot du médecin qui fera apparaître ce qu'il en est de cet endroit que je ne peux imaginer qu'à travers ce qu'en montrent les revues médicales, et là on me dit que tout semble en ordre, que le col de l'utérus ne présente pas d'anomalies, qu'il est peut-être un peu rouge mais sans plus, et ensuite on me demande combien de clients je vois chaque jour, six ou sept, ça dépend des jours et de mon humeur, de ma précieuse endurance à ce qui est contraire à l'instinct, et on me dit que j'aurai les résultats dans une semaine, qu'on me téléphonera si les tests sont positifs et qu'il faudra se revoir dans trois mois, et peut-être croyez-vous que j'en suis soulagée, de la normalité de ma fente de putain qui n'est que légèrement surmenée, les rougeurs en témoignent, eh bien non car à la fin de chaque rendez-vous je demande de bien répéter ce qu'on vient de me dire, soyez honnête monsieur le docteur, comment est-il possible que je sois normale alors que je m'évertue à déclarer que je suis en train de mourir, et comment mon sexe peut-il être normal alors qu'il s'est perdu dans un réseau d'échanges où il n'est plus possible de le reconnaître, et ainsi nous passons du mal de vivre de mon sexe au mal de vivre de ma tête qu'il faudra bien soulager de quelques comprimés avant qu'elle ne le rejoigne dans ses automatismes et ses claquements d'autiste, il faut des comprimés pour me dérider le jour et d'autres pour me faire dormir la nuit, il en faut beaucoup car on finit par dérégler son équilibre biochimique à force de se tenir un discours tel que le mien, à force de prédire tout ce qui n'arrivera pas, tout ce qui ne peut pas arriver, j'ai la mort au bout des synapses que je ne sais plus faire taire, et moi je vous dis que ce cerveau n'est pas le mien, c'est celui de ma mère car il a pris sa stature de larve en vieillissant, il a grandi vers le bas à mon

insu et s'est fixé au sol de peur de faire mieux qu'elle,
vous voyez il ne faut jamais faire mieux que sa mère
surtout si elle meurt de sa petitesse, ça pourrait
l'achever de se voir surpassée par une enfant dont elle
a exigé la compagnie fidèle pendant que le père cou-
rait les putains, alors il faudrait la soigner avant moi
sinon je doute fort que ce soit efficace, il suffirait que
je pense à elle une seule fois pour que ma tête rede-
vienne la sienne, je l'ai déjà dit je crois, j'ai ma mère
sur le dos et sur les bras, pendue à mon cou et roulée
en boule à mes pieds, je l'ai de toutes les façons et
partout en même temps, voilà pourquoi il faudrait
qu'on me coupe la tête, qu'on m'arrache la peau,
il faudrait détruire tout ce qu'elle a marqué de sa
morsure de chienne lorsque j'étais encore au berceau,
il faudrait me dépecer jusqu'à ce qu'il n'y ait plus que
les os, et au moment de ne plus offrir de surface où
elle puisse déposer sa charge, je deviendrai quelqu'un
qui ne sera pas elle, je serai morte sans doute mais
j'aurai accompli un exploit, celui d'être la fille de personne, enfin le temps d'enlever à ma mère sa poupée,
oui, les mères sont comme les oiseaux en cage, elles
ont besoin d'une présence pour se mettre à chanter,
voilà pourquoi elles se regardent longuement dans le
miroir en comptant les taches brunes qui recouvrent
leurs mains, elles jacassent sur leur malheur comme
si elles avaient un auditoire, comme si cet auditoire
pouvait pleurer avec elles sur leur destitution de
putain du village, elles se regardent pour avoir des yeux
sur elles et s'assurer qu'ils seront toujours là, prêts
à se poser sur leurs histoires de rides qu'elles n'en
finissent plus de vouloir cacher, elles se regardent

pour avoir la compagnie d'une semblable et se raconter combien la vie est cruelle de leur imposer l'exigence d'être vues même lorsqu'il n'y a personne, elles
se racontent combien cette vie de cage est la seule
qu'elles puissent mener, car avec le temps elles n'ont
plus eu la force de s'en éloigner et désormais il n'y a
de vie que dans le microcosme des cafards qui gran-
dissent quelque part dans la moiteur des murs.

Et lorsque j'en ai eu assez de cette symétrie de moi
regardant ma mère qui me regardait en retour en
s'injuriant l'une et l'autre de notre ressemblance, j'ai
sans doute fait un geste vers mon père, enfin je suppose que c'est ce que j'ai fait car il fallait bien que
j'échoue une première fois avant de me résoudre
à détester si totalement la vie, et les choses auraient
sans doute pu être différentes pour moi s'il n'y avait
pas eu cette drôlerie de mon père à m'appeler par le
nom de ma mère lorsqu'il s'énervait, la colère lui
faisait oublier que je n'étais pas elle, il m'appelait par
son nom et ce n'est pas tout car il appelait également
ma mère par mon nom lorsqu'il s'énervait, il faut dire
que mon père était nerveux, il souffrait d'une forme
de dyslexie où nous étions l'une à la place de l'autre
lorsque venait le temps de dire des gros mots, il lui
aurait tout de même fallu faire un effort, garder son
calme le temps de nous discerner, oui, car dans la vie
il faut savoir respecter l'ordre d'arrivée des membres
d'une même famille de peur de ne plus retrouver son
chemin à la sortie de l'école, de peur de prendre le
grand méchant loup pour sa grand-mère et de ne plus
accorder de crédit aux gens car ils s'effondrent dans

notre impuissance à les identifier, mais oui, ma mère a bien un prénom à elle qui n'est pas le mien, elle s'appelle Adèle, elle porte un joli nom que très peu de femmes portent, mais pour mon père il ne sert à rien que les choses soient rares ou jolies car il les confond toujours entre elles même si elles pendent à son cou depuis un demi-siècle, dans sa maison et dans son lit, voilà sans doute pourquoi il attend le jour du Jugement dernier, cette fin des temps qui viendra raser tout ce qui peut se nommer.

Mais il doit bien savoir que ma mère meurt et que je fais la putain, il le sait mais s'en réjouit peut-être, il doit penser à moi lorsqu'il s'amuse avec ses putains de la même façon que je pense à lui lorsque les clients s'amusent avec moi, vous vous rappelez, la porte qui s'ouvre sur l'autre et la surprise qui n'en est pas une, coucou papa c'est moi ta femme-fille qui se présente à toi sous la forme d'une putain portant un nom qui n'est pas le sien, le nom de ta fille morte à qui je dois le fait d'être en vie puisque c'est son petit cadavre qui vous a pressés vers le lit, et ce n'est pas important de toute façon qu'il le sache ou non car ce qui compte est le plaisir qui trouve son chemin, toujours, il faut bander et jouir à tout prix ou faire bander et faire jouir, il faut payer ou se faire payer, se vider de son sperme ou en recevoir sur le visage, on ne doit pas oublier que si les hommes payent les putains ce n'est pas pour faire avec elles ce qu'ils font avec leur femme, et de croire qu'ils sont les seuls à avoir du plaisir est une erreur, je le sais car j'en ai Dieu merci, il faut bien que ce qu'on fait sur moi soit parfois

agréable, il faut bien en retirer du plaisir en début de
journée avec le premier client jusqu'au troisième car
à partir du quatrième ça devient difficile, c'est la
répétition qui rend ce métier dégoûtant, la répétition
des mêmes gestes qui n'assouvissent plus rien ou si
peu, que la tension de l'autre dont on finit par ques-
tionner la nature, des gestes mécaniques et douloureux de poupées décoiffées qui rêvent de bronzage
et de maillots de bain pendant qu'elles promènent
leur bouche sur une queue, et chaque fois on se dit
qu'il serait bien de rester une heure de plus, une
heure encore pour avoir plus d'argent et acheter de
nouvelles chaussures, une heure de plus pour faire
la putain jusqu'au bout, jusqu'à l'évanouissement et
même plus, jusqu'à ne plus pouvoir marcher d'être
toujours à genoux et mourir écartelée d'avoir trop
ouvert les jambes.

Alors pour les antidépresseurs je ne dis pas non, en
attendant que ma mère meure je veux bien prendre
tout ce qu'on peut m'offrir, des comprimés bleus le
jour et des blancs la nuit, je veux bien rire d'un faux
rire et sans raison sous la pression de la dopamine,
rire en attendant de trouver la force de me tuer,
d'ailleurs je ne sais pas pourquoi ce n'est pas déjà
fait, pourquoi je suis encore là à me dire que je le
ferai tôt ou tard, parce que je dois m'en convaincre
comme je gagne de l'argent, en ajoutant une heure
de plus à toutes celles en trop dans l'espoir fou de
voir apparaître un sauveur dans l'excès des caresses
qui se répètent, voyez-vous il faudrait que je sou-
mette le monde à mon désordre pour en savoir quelque

chose, je veux dire de mon désordre, il faudrait que je l'observe à grande échelle pour en tirer une équation, une petite formule magique qui fixerait de la couleur aux briques des édifices à bureaux et qui ferait s'ouvrir les fleurs, il faudrait que le psychanalyste quitte son fauteuil pour me retrouver là où je me tiens lorsque je ne suis pas dans son cabinet, qu'il laisse derrière lui sa famille et qu'il m'arrache de force aux clients, qu'il laisse tomber sa foudre sur mes parents et qu'il fasse de moi une histoire de cas, l'histoire de ma survie auprès du cadavre de ma mère et de la tragédie de mon sexe qui se jette dans la gueule du loup, enfin qu'il fasse n'importe quoi qui ne soit pas que renvoyer l'écho de ma plainte, répéter mes propos comme si tout devait être dit deux fois, une fois par moi et une autre fois par lui, une fois pour raconter mon malheur et une autre pour en souligner l'inutilité, une fois pour respecter la procédure et l'autre pour justifier l'argent que je lui donne, et je la connais trop bien cette plainte de neurasthénique, elle s'est hélas cristallisée sans retour, elle est un écran paraît-il qui ne cache rien du tout car avec les années il n'y a eu dans ma vie que de l'écran, des pelures d'oignons qui s'ouvrent sur d'autres pelures d'oignons, ma pensée parcourt depuis trop longtemps le même chemin de croix de putain qui n'a plus rien à expier ou si peu, que la misère de sa trajectoire absurde et sans surprise.

Et que mon psychanalyste n'en soit plus un est improbable, qu'il soit à moi et à moi seule, lui et moi dans le quotidien tranquille du couple qui s'aime, et que je sois incurable ne le regarde pas davantage, il est payé pour tenir bon, il ne faut pas l'oublier, tenir bon son rôle de psychanalyste qui a confiance en ses méthodes, car que resterait-il de la cure s'il baissait les bras devant mes silences et la monotonie de mon discours, je n'en sais rien, nous serions deux à les avoir baissés et on se rejoindrait enfin dans la défaite comme les gens défaits savent si bien le faire, on se tiendrait les mains et les coudes en déplorant de ne pouvoir être à la fois sains et amoureux, on boirait à la vie avec le fou rire des gens qui l'ont échappé belle, on boirait à la faillite de ses techniques et à la victoire de l'inconscient, et puis je n'y crois pas à ce réservoir de pulsions qui doit bien finir par céder sous la pression de l'expertise et dévoiler la morbidité de ses mécanismes, voilà pourquoi il serait vain de vouloir en repérer les traces entre deux mots ou deux rêves ou toute autre chose qu'on décrit longuement dans ces bouquins qu'il serait tout aussi vain de lire, il me manque tout de ce qu'il faut pour guérir, l'organe et la maladie, le remède et le désir, et que je sois malade serait une bonne nouvelle, je veux dire malade d'une maladie qui ait un nom et qu'on puisse diagnostiquer sans ambiguïté, mesdames et messieurs, je suis malade de ceci, de cette maladie qui existe car elle a un nom, et présentement je suis malade de ne pas pouvoir nommer le mal que j'ai, et vous verrez que je mourrai de ça, de ces mots qui ne me disent rien car ce qu'ils désignent est bien trop vaste pour m'interpeller, bien trop peu pour me dissocier de ma mère.

Et si j'hésite encore à me tuer, c'est aussi parce que j'ai peur de ce qui m'attend, enfin il me semble, j'ai la tête pleine des histoires de mon père sur l'enfer et ses tourments, des sept couloirs des sept péchés capitaux qui se referment sur des centaines de milliers de corps en chute libre vers un brasier fait de centaines de milliers de corps écrasés là depuis des siècles, des millions de bêtes cornues et malveillantes et du diable qui trône au milieu de ses fosses communes surpeuplées d'obèses et d'enragés, de lubriques et d'envieux, mais ce n'est pas vrai me direz-vous, ce sont des inventions du clergé pour terroriser les gens du peuple et donner un contenu à leurs angoisses, c'est bien vrai qu'il serait imprudent de les laisser s'agiter à tort et à travers, il serait malsain de leur permettre de vivre leur vie impunément, et comment vous croirai-je alors que vous n'êtes rien pour moi, alors que vous n'avez pas construit votre vie sur le meurtre de votre personne et encore moins sur celui de votre mère, et si tout ça n'était pas vrai pour vous mais seulement pour moi, et si Dieu créait l'enfer tout spécialement pour me faire souffrir d'avantage, qui sait de quoi serait faite ma peine, qui sait à quelles caresses de lépreux ne serais-je pas soumise, et si je me réincarnais alors, quelle horreur de charrier mes gènes de suicidée dans une vie où je devrais réussir ce que j'ai raté dans celle-ci, et pourquoi donc devrais-je vivre plusieurs vies, je vous le demande, sans doute pour me dégoûter encore plus et mettre à l'épreuve ma tolérance à ce qu'il y a de pire à toutes les époques et dans tous les pays, pour enfin mériter je ne sais

quel lieu de perfection dont j'ai la nausée d'avance
car il est de la même nature que l'enfer, intolérable de
durée.

*
*   *

Il y a bien deux ou trois copines avec qui je sors de
temps à autre, ce ne sont pas vraiment des amies, seulement des copines et je l'ai déjà dit je crois, nous fré-
quentons les soirées techno car il n'est pas nécessaire
de bien se connaître pour s'y amuser, la musique est
trop forte pour que s'entendent les mesquineries, il
y a trop de gens pour que se remarquent les regards
de hyènes, j'ai deux ou trois copines avec qui je tente
de concilier ce qui se passe dans ma tête et ce qui se
passe ici, dans cet appartement qui s'ouvre sur le
cœur anglais de Montréal, ce sont d'ailleurs de jeunes
putains comme moi, il faut dire que je ne discute plus
avec les autres femmes, les vraies, les femmes du
monde, trop de choses nous séparent désormais, la
façon de bouger et de parler, le corps qui n'est plus
tout à fait ce qu'il devrait être, qui prend un rien trop
d'espace, et là nous parlons gentiment de notre pratique de putains et des clients les plus bizarres, de
Michael le chien et de Michael le Juif, sans compter
tous ceux que je ne connaîtrai jamais parce qu'ils
n'aiment pas les petites, parce qu'ils préfèrent les
brunes aux blondes et qu'ils ne supportent pas les
peaux blanches, et depuis que je suis une putain
toutes mes copines le sont aussi, elles l'étaient déjà
ou le sont devenues, c'est contagieux de putasser,
d'avoir de l'argent tant qu'on en veut, de dépenser

jusqu'à l'écœurement, de n'avoir pour tout engage-
ment que se pencher sur des queues et ouvrir les
jambes, et vous ne pouvez pas savoir comment ni
combien, vous ne vous doutez pas qu'il y a des
étudiantes qui sont prêtes à tout pour poursuivre
leurs études, pour boucler leurs fins de mois, et
lorsque nous sommes entre nous il n'y a rien qu'on
ne puisse dire pour dramatiser encore plus notre statut, d'ailleurs on ne parle que de ça, de la justification
qu'on se donne d'être une putain devant les autres, et
lorsqu'il s'agit des clients il n'y a rien qu'on ne rende
public, leurs manies et les pourboires qu'ils laissent
parfois, leur façon de baver et de vous chatouiller l'intérieur des cuisses avec la langue, leur certitude d'être
grands et forts, d'avoir tout pour plaire aux femmes,
leur idée fixe de vouloir donner du plaisir autant
qu'ils en reçoivent, et on se demande s'il faut être pervers pour payer celles qu'on baise ou si les pervers ne
sont pas au contraire en minorité dans ce milieu,
mais oui, selon notre expertise de putains qui jacas-
sons autour d'une table, un verre de vin rouge à la
main, nous décrétons que les vrais pervers savent
séduire leurs proies, qu'ils peuvent imposer leurs
jugements sur le désir des autres, qu'ils ont un discours et du charisme, qu'ils n'ont donc pas besoin de
payer les femmes pour en jouir, et pourquoi vou-
draient-ils épargner leur propre fille en fréquentant
des putains, pourquoi ne séduiraient-ils pas leur nièce
et leur secrétaire, les pervers ne sont-ils pas toujours
pervers, au travail comme à la maison, et en discutant
de ces questions savantes on se maquille, on se coiffe,
on s'échange des vêtements investis du désir qu'ils

soient trop petits pour celles qui voudront les porter, qu'ils fassent paraître leurs fesses plus grosses, plus basses, on se prépare pour Black and Blue ou pour le Bal en Blanc, enfin pour la prochaine rave au stade olympique qui forme un cocon de ciment autour de la fête, et quel bonheur de se faire belle pour l'assemblée, pour vingt-cinq mille personnes foudroyées par le son et la lumière, des mains inconnues qui vous enserrent la taille au passage, des baisers mouillés dans le cou et des bas-ventres qui se pressent sur vous, qui ne demandent que vous, et nous y allons en groupe, couvertes de plumes et de paillettes, nous y allons pour nous perdre dans la foule, pour errer parmi les gens qui dansent avec un sourire inquiétant, les yeux dilatés par la drogue, le monde est si beau sous l'effet de l'ecstasy, les gens sont transfigurés par la joie, leurs visages crispés d'amphétamines et d'amour débordant, leurs yeux exorbités de fraternité, je t'aime tellement, tu es si belle, si beau, des milliers de gens sous la pression du rythme qui se répète à l'infini, et il faut voir la foule de loin, il faut la regarder depuis le haut des gradins pour en avoir une vue d'ensemble, pour voir la foule où se projettent les éclairages multicolores, pulsant comme un énorme poumon, cela forme un seul corps, un organe chaud et musclé, une masse compacte et bourdonnante décomposée en une multitude de points sautillants, et à ce volume inouï, impensable dans une autre circonstance, la musique semble parvenir de l'intérieur, elle part du ventre comme la montée d'un orgasme, et tous s'embrassent et se massent au hasard, c'est tribal dit-on, orgiaque, la réactivation du début des temps, la communauté humaine telle qu'elle était jadis, loin derrière, l'humanité des rituels et des possessions, du surnaturel et de l'excès, l'humanité d'avant les lois, des pulsions et des déesses, du culte de la lune dont on n'avait pas encore percé le mystère, de la voûte étoilée dont on ne souhaitait que la bienveillance de ne pas s'écraser, de tomber du haut de ses feux sur la tête des Gaulois, le soleil qui risquait de ne pas se présenter à l'aube, la magie du monde qui menaçait à tout moment de nous happer.

Vous voyez bien que je ne suis pas seule, que je suis bien entourée, d'ailleurs on n'échappe pas à la foule dans ce métier, elle nous suit partout et jusque dans cette chambre où je dois de temps en temps m'accoupler avec une autre à la demande des clients, faisant apparaître la multitude des femmes devant eux qui bandent que nous soyons toutes chiennes, n'attendant que le moment où ils nous tournent le dos pour se satisfaire entre nous, et la règle veut que chacune se choisisse une partenaire pour former un duo et se donner en spectacle, et j'ai choisi Danielle car c'est la plus âgée de l'agence, elle ne risque pas de m'éclipser avec ses vingt-huit ans, et lorsque nous sommes ensemble j'en mets toujours un peu plus que d'habitude, je crie un peu plus fort car la présence d'une femme à mes côtés rend la comparaison inévitable, celle-ci est plus belle, celle-là moins active, il convient de s'appliquer parce qu'il n'y a rien comme une autre femme pour me rappeler que je ne suis pas à la hauteur, rien comme la peau d'une autre pour

que ressortent les imperfections de la mienne, et
même lorsqu'on est deux avec les clients, la tête de
l'une entre les jambes de l'autre, il n'y a de place que
pour une seule, toujours, une seule peut triompher
car les clients ont fatalement une préférence, ils ne
s'intéressent qu'à l'une ou qu'à l'autre, voilà pourquoi j'ai choisi Danielle comme partenaire, parce
qu'elle triomphe rarement, parce qu'elle est mon
faire-valoir, ma trop grosse, ma trop vieille, Danielle
qui met en relief ma sveltesse, ma jeunesse, qui me
fait triompher et qui surtout ne s'en fait pas, non,
elle n'est pas comme moi, elle n'a pas besoin d'être
la schtroumpfette, la princesse des duos de les-
biennes, enfin c'est ce qu'elle me dit lorsque nous
nous retrouvons seules, elle ne s'en fait pas mais avec
elle on ne peut pas savoir, elle pratique la feinte
depuis trop longtemps, depuis dix ans déjà, c'est
trois fois plus que moi.

Mais peu importe car nous discutons toujours de
choses et d'autres et ça me rend heureuse, nous nous
racontons des histoires terribles vécues à New York,
de l'argent tant qu'on en veut, du champagne et des
limousines, des vedettes et de la cocaïne, nous nous
racontons la vie des gens riches, des hommes de là-
bas cherchant la compagnie d'un animal domestique
pour une nuit, une fin de semaine, des hommes
malades d'avoir tout ce qu'ils veulent, et nous nous
racontons les problèmes, la police, la prison, le danger d'être kidnappée, coupée en morceaux et jetée
dans les égouts par des fous chargés d'une mission,
qui veulent laver le monde de son péché, de sa fémi-

nité, nous nous racontons l'exaltation des débuts, l'adaptation et la torpeur, la difficulté de changer de vie, de vivre sans argent, la mauvaise habitude dont on n'arrive pas à se défaire car elle est intégrée à toutes les activités de la journée, au moindre battement de cil, se maquiller, se coiffer, se dandiner et faire bander, et finalement la mort, la sensation d'avoir tout vu, tout entendu, d'être allée là où il ne fallait pas, si loin qu'il faut continuer, l'impression d'avoir épuisé toutes les combinaisons, et puis la lourdeur des gestes qui se répètent, qui engendrent les mêmes réactions, les mêmes couinements de chiens contents, de chiens baveux, de chiens de Pavlov, la queue automatique, soulevée par la clochette, les automatismes de l'homme adéquat, adapté, satisfait d'être bandé, et puis le dégoût du désir des autres parce qu'on n'en a plus, parce qu'il n'y a plus de clochette.

Nous nous racontons ce que toutes les putains finissent par raconter lorsqu'on les laisse parler trop longtemps, et il faudrait qu'elle soit là avec moi pour parler en même temps et dire les mêmes choses, l'une en face de l'autre, les deux récits en parallèle, parcourir à rebours toutes les étapes jusqu'au point zéro de l'initiation, du premier client et même plus, jusqu'au lit de nos parents d'où nous sommes sorties, il faudrait se jurer fidélité, se déclarer toute l'une pour l'autre, être comme sont les siamoises, prisonnières de leur ressemblance, contraintes de s'aimer, de bien se porter pour que l'autre se porte bien car dès que l'une ne va pas, rien ne va plus pour l'autre, toutes deux de plus en plus malheureuses de causer le malheur de l'autre, immédiatement contaminées par les yeux humides, les soupirs, les tremblements de mains, le moindre pincement de cœur, l'effet exponentiel d'être deux, jusqu'à la mort, les deux sœurs en chute libre qui s'aiment malgré tout parce qu'elles n'ont pas le choix, j'aimerais qu'elle soit là avec moi pour monter la garde devant la porte jusqu'à l'arrivée du prochain client qui tarde encore, jusqu'à l'arrivée de mon père pour qu'elle me serve de bouclier, voilà papa celle avec qui je baise devant les clients, celle avec qui tu as peut-être déjà baisé, regarde-nous avant de quitter la chambre et d'invoquer le nom de Dieu, de faire descendre sa condamnation sur ma tête, sur ta queue, vois comme je suis la meilleure, ta fille unique, et ensuite tu pourras vite courir à genoux devant ton dieu, lui demander pardon pour moi, lui dire que je me tuerai pour lui, que je lui imposerai cette épreuve pour qu'il en sorte grandi, pour qu'il se montre fort et qu'il gagne son ciel, il faudrait tant faire elle et moi, créer une langue nouvelle, parlée par nous seules, faite de mots qui s'ajusteraient à ce qu'il faudrait dire, des mots secrets qui nous rendraient invulnérables, fini les parents, fini les clients, fini tout ce qui pourrait perturber notre écosystème, et il faudrait refuser tout homme qui ne nous aimerait pas d'un même amour, qui ne nous accorderait pas une part égale d'attention et de caresses, un souci partagé comme il convient de le faire pour les seins, à tour de rôle, même si l'un est plus petit que l'autre, plus alléchant que l'autre, mais Danielle n'est pas là et ne le sera jamais, enfin elle ne le sera pas comme il faudrait qu'elle le soit, elle est mariée et a même des enfants, elle aime les dimanches après-midi, elle me l'a dit.

*

* *

J'ai parfois le temps de lire quelques pages d'un roman, le temps d'imaginer qui je pourrais être si je n'étais pas moi, si je n'étais pas là à attendre tout le temps, je pense au prochain texte à écrire pour mes cours de littérature, à Antonin Artaud qui souffrait de voir les femmes enceintes, qui mourait de se figurer ces enfants à naître parmi ceux qui sont déjà en trop, je pense au président Schreber et à sa cosmogonie de nerfs, à son étreinte avec Dieu, Schreber la charogne qui voulait repeupler l'univers d'une nouvelle race d'hommes, je pense à ces hommes qui étaient fous et à leur folie si loin de la mienne, de mes préoccupations de seins à compresser et de cheveux à remonter, ces hommes qui n'avaient pas le temps de regarder passer les femmes car ils avaient mieux à faire, et croyez-moi, ce serait bien de délirer comme eux, de se donner des réponses qui arriveraient depuis l'autre côté de l'univers, la révélation de soi qu'on pourrait déchiffrer dans les étoiles, il serait beau que le moindre bruissement de feuilles s'adresse à moi, indiquant ma place, mon destin, la folie qui m'accompagnerait partout et la vie qui prendrait un sens, un vrai, celui d'être quelqu'un qu'on désigne du doigt et qu'on ne peut pas oublier, il en faudrait beaucoup pour faire de moi une femme et pour me distinguer

des autres, il faudrait d'abord cesser de me confondre,
que jamais plus on ne m'aborde pour me dire que
je ressemble à une telle, à une ancienne copine ou à
une chanteuse populaire, merci beaucoup, je suis flat-
tée, je suis heureuse d'être ainsi coincée entre les
hommes et celles qu'ils visent, et si je me tiens là, sur
ce lit où on m'oublie, c'est sans doute parce que je ne
peux pas faire autrement, parce qu'on ne peut pas
choisir d'être fou, de hurler pour se faire entendre
chaque fois que le vent tombe, de mobiliser l'univers
pour le faire tourner autour de sa tête, et lorsqu'un
client arrive enfin, il me demande mon nom pour
s'assurer que je suis bien celle dont on lui a parlé, et
lorsque qu'il me quitte, il me le redemande parce
qu'il l'a déjà oublié, pour une prochaine fois dit-il car
il voudra peut-être me revoir, moi et pas une autre,
me voir moi car je suis la meilleure, beaucoup mieux
que Beverly, je suis plus petite mais plus sensuelle,
il se demande à quoi peut servir d'être grande lorsqu'on est égoïste de sa personne, lorsqu'on ne veut
pas partager sa grandeur, et quel est mon horaire,
est-ce que je travaille plutôt le jour ou plutôt le soir,
est-ce que je suis ici le mardi et le jeudi, à quoi je
réponds que je m'appelle Cynthia et que je ne travaille
que le jour, qu'il est trop triste de travailler le soir,
oui, quand le jour tombe, il faut allumer les lumières
à l'intérieur et je déteste l'effet des ampoules sur la
blancheur de ma peau, et après cinq heures de l'après-
midi ce métier devient franchement morbide, c'est de
la prostitution, celle des rues et des coups de pieds, et
je dois rester dans la chambre jusqu'à minuit alors
que je pourrais être chez moi à dormir comme tout le

monde, oui, il est préférable d'être ici le jour car on peut faire semblant d'avoir une vraie vie, une existence de neuf à cinq, on fait comme si on était dans la suite du métro, du boulot et du dodo, c'est plus sain et les clients qu'on y rencontre le sont aussi, enfin presque, les hommes de jour sont des hommes de neuf à cinq qui ne se droguent pas et qui ne doivent pas traîner car ils ont un travail à reprendre, une réunion à présider, et surtout ils ne veulent pas de problèmes, ils veulent rester propres, d'ailleurs certains d'entre eux ne me touchent que du bout des doigts et la plupart n'enlèvent pas leurs chaussettes, ce dont je leur suis reconnaissante car je n'aime pas voir les pieds de mes clients, leurs ongles sales et jaunes, des écailles de serpent, et les chaussettes laissent de la mousse entre les orteils, de la mousse noire qui se retrouve ensuite sur les draps blancs, de petites mottes qu'il faut balayer de la main pour les faire tomber sur le plancher où elles se mêlent aux mottes de poils gris.

Et certains clients refusent de venir ici, c'est trop dangereux disent-ils, ils préfèrent qu'on vienne à eux, qu'on les rejoigne dans une chambre d'hôtel qu'ils louent eux-mêmes, à l'abri des voisins de qui ils pourraient être reconnus, et d'autres clients plus délicats veulent aussi faire connaissance avant de passer à l'acte, c'est rare mais ça arrive, on doit alors les retrouver dans un bar ou un restaurant, on doit passer la soirée avec eux, comme je le fais avec ce Libanais que je vois une fois par mois, tous les premiers samedis du mois, il s'appelle Malek et n'est pas loin

de m'aimer d'amour, on le sent dans sa façon de porter son vrai nom et d'être toujours au rendez-vous,
d'être à la fois tenace et résigné, triste et excité, et
je pourrais l'aimer en retour s'il n'était pas si gros, si
goinfre, s'il ne pesait pas cent quarante kilos, d'ailleurs
il m'a déjà confié ses malheurs, il m'a révélé son
poids exact mais je ne m'en souviens plus, le poids
c'est comme l'âge, c'est comme les noms, dans la
démesure, ça ne fait plus de différence, et il existe un
poids limite où il ne reste plus qu'une position à
l'amour, où il faut rester couché sur le dos et attendre
l'orgasme, et Malek peut à peine bouger les hanches
et remuer la tête, et chaque premier samedi du mois
nous allons au restaurant japonais de l'avenue du
Parc, chez Kotori, là où on doit enlever ses chaussures comme si manger avait quelque chose à voir
avec les pieds, et nous mangeons tout ce que nous
pouvons, des sushis, des calmars frits, du bœuf et du
riz, sans compter tous les légumes, les nouilles et la
sauce, j'adore ça, sortir au restaurant et manger
comme une furie, il faut dire que chez moi je ne cuisine pas, je ne mange rien ou presque, alors j'en profite au moins une fois par mois, et nous buvons du
saké ou du vin rouge choisi par lui, jamais le même
car il faut savoir varier les plaisirs, découvrir chaque
fois de nouvelles saveurs, ou alors nous allons chez
Ouzeri, le restaurant grec du plateau Mont-Royal, et
là-bas je mange toujours les cailles grillées avec des
cœurs d'artichaut en entrée, toujours le vin rouge qui
fait rougir ma peau, le choix y est plus grand et l'ambiance y est plus détendue, on s'y rassemble pour les
anniversaires et les mariages, et ensuite nous nous

rendons à l'hôtel car il n'aime pas ma chambre, elle
est trop petite pour lui sans doute et le lit est trop bas,
et surtout il ne veut pas risquer la prison dit-il, des
policiers pourraient arriver à tout moment, frapper à
la porte et ruiner sa vie, des policiers pourraient frapper à la porte tout comme mon père pourrait le faire
ai-je envie de hurler pour l'obliger à penser à sa fille,
pour que son image s'interpose entre nous, et il me
répète qu'il ne veut pas de problèmes car il a une
famille et une position sociale élevée, qu'il est gérant
de banque, mais tu ne devrais pas avoir d'inquiétudes
lui dis-je chaque fois, aucun policier ne viendra nous
déranger car l'agence est protégée par la mafia ita-
lienne, ne regardes-tu pas la télévision, ne lis-tu pas
les journaux, il existe des lois sur les lois, les méta-
lois de la racaille, des blanchisseurs d'argent et des
putains, mais je n'insiste pas car après tout je n'en
sais rien de cette filiation de l'agence avec une orga-
nisation criminelle, les proxénètes n'ont pas l'habitude d'en informer le personnel, et puis j'aime les
chambres d'hôtel, elles forment un petit univers clos,
un cocon de tapis assortis aux draps du lit, de repro-
ductions de tableaux de Van Gogh et de Monet, de
verres enrobés de papier blanc et de films pornos, de
sachets de bain moussant qu'on fait mousser jusqu'au menton dans le grand bain à bulles, et la première fois que j'ai vu Malek chez Kotori où il m'attendait, un verre de saké à la main, j'ai pensé voilà un
homme obèse, un homme qui ne peut plus baiser à
moins de payer, lui réduit à se coucher sur le dos et
à attendre l'orgasme, et j'ai aussi pensé à sa femme
qui était peut-être obèse elle-même, elle et lui inca-

pables de se rejoindre, et pendant que j'en étais à ces réflexions il m'a souri en disant combien il était content de me voir, qu'il me trouvait très belle, toute mince, oui, il était bien content car la fille qu'il avait eue avant moi lui avait beaucoup déplu, elle n'était pas assez jolie, pas assez féminine, elle était brune et courte et ne portait aucun maquillage, ses souliers étaient plats et elle s'appelait Monita, et Malek voulait savoir si je la connaissais car elle venait apparemment de mon agence, on lui avait dit au téléphone qu'elle était espagnole, qu'elle avait telle taille, telle grandeur, et lorsqu'elle s'est présentée à lui elle n'était pas du tout comme ça, des menteurs, ils essaient de nous passer n'importe quoi m'a-t-il dit, j'ai dû la payer mais je n'ai rien pu faire, je l'ai renvoyée en lui disant qu'il me fallait rentrer chez moi, que ma fille était malade, fiévreuse, trempée de sueur, et pendant une heure, pendant que nous mangions avec furie, il m'a parlé de Monita qui était à côté de ce qu'elle aurait dû être pour lui plaire, et pendant une heure j'avais envie de crier de quel droit, comment oses-tu parler d'une femme de cette façon alors que tu es si laid, si gros, et comme s'il avait deviné mes pensées il m'a dit que oui, qu'il était peut-être gros mais qu'après tout c'était lui qui payait, c'était lui le client, il avait bien le droit d'avoir des attentes, des goûts comme tout le monde, qu'au fond ce n'était pas différent d'aller voir un film dont on ne nous a dit que du bien, et là-dessus j'ai su que je n'allais plus jamais aimer qu'on me trouve jolie, non, même lorsqu'on me choisit et qu'on me préfère à une autre, je ne peux m'empêcher de céder ma place, et si je souffre de ce que les femmes ont en mieux, je ne me réjouis pas davantage de ce qu'elles n'ont pas, voilà pourquoi il faut croire que ce n'est pas ce que j'ai ou ce qui me manque qui me tue, non, c'est la mort qui vient en premier, qui parle à travers ce qu'il y a ou à la place de ce qui manque, le Déluge de mon père qui fait de tout ce qui existe son chemin.

Et il existe des clients qui ne sont ni vieux, ni gros, ni infirmes, il y a Mathieu qui vient me voir toutes les semaines et qui n'a pas plus de vingt-trois ans, il a tout pour plaire avec sa stature d'athlète et ses cheveux en brosse, ses cheveux sans cheveux blancs, et la première fois qu'il s'est présenté à moi, tout droit dans l'encadrement de la porte, sa jeunesse m'a choquée, je ne sais pas pourquoi, je me suis retrouvée désarmée par le peu de moyens qu'il avait de me faire du mal, mais que vient-il faire ici, n'a-t-il pas toutes les femmes qu'il désire au-dehors, pourquoi a-t-il besoin d'être là, de payer pour ça, pour la tiédeur de mes caresses, et quelle figure mon corps fera-t-il à côté du sien, si adéquat au sien, d'une équivalente fermeté, ne paraîtrai-je pas vieille du seul fait que nous soyons de la même génération, faits pour coucher ensemble, vieille que ce soit dans l'ordre des choses, que nous soyons si mignons, et c'est exactement ce qui s'est produit, j'ai vieilli à son contact, oui, ma jeunesse a besoin de la vieillesse des autres pour rayonner, j'ai besoin de leurs rides et de leurs cheveux blancs, de leur trente ans de trop, il me faut leur mollesse pour être bandante, pour être puissante, et puis d'ailleurs les femmes sont toujours plus vieilles que

les hommes même si elles ont le même âge, et lorsque
Mathieu me prend je ne sens rien du tout, que l'inconfort de sa vigueur et de ses formes musclées, et lui
ne semble pas s'en inquiéter, de ma vigueur et de mes
formes musclées, notre parenté ne semble pas le
gêner, non, il bande comme bandent les jeunes, sans
raison, il pense sans doute qu'il va de soi de bander
ainsi, de notre jeunesse partagée, il bande et je ne
comprends pas la fonction de son sexe si adapté au
mien, on dirait un bout de bois, une prothèse, un
vibromasseur, on dirait qu'il joue la comédie, qu'il
doit se forcer, se concentrer sur autre chose, sur le
souvenir d'une scène de film porno, et là, pendant
qu'il cherche à m'émouvoir, il dit qu'il aimerait que
nous soyons amants, lui et moi comme un couple de
louveteaux allant et venant entre le lit et le restaurant,
entre le restaurant et le cinéma, moi et lui comme
tout le monde, comme il se doit, et il me prend la
main pour me signifier qu'il est sincère, qu'il peut
m'aider à m'en sortir, me loger chez lui, me prêter de
l'argent en attendant que je finisse mes études, que je
trouve un emploi, et en regardant ses yeux semblables
aux miens, sa bouche semblable à la mienne, je me
dis que je n'en ai pas envie, que j'en crèverais d'ennui
même si nous allons bien ensemble, je n'y croirais
pas même si les gens se retournaient sur nous dans
la rue en pensant combien nous sommes dans le droit
chemin de ce que nous devons être, jeunes et accou-
plés, et il faudrait lui dire de garder son argent pour
plus tard, qu'il revienne lorsque sa maturité justifiera
sa raison d'être là, avec moi, il faudrait lui dire de ne
pas s'acharner sur moi, que sa proximité me fait

peur, et quand tout est fini il me masse longuement le dos à ma demande, masse-moi le dos mon chéri car ta force m'a éreintée, elle est venue à bout de la mienne, laisse-moi te tourner le dos et fermer les yeux, décharge-moi de ta présence, et pour montrer ma reconnaissance, pour encourager ses mouvements, je gémis un peu, avec sensualité, je me déhanche en gémissant car il faut bien déplacer dans le dos ce qui n'a pas eu lieu ailleurs, diriger son attention sur un endroit plat de mon corps, et puis d'ailleurs les hommes et les femmes d'une même génération sont faits pour ça, pour se masser fraternellement le dos, dans la tranquillité de ce qui ne peut pas arriver.

Mais peu importe qui ils sont car il y aura toujours entre eux et moi cet écart qui saute aux yeux et qu'ils ne voient pas, quelque chose qui cloche et qui n'est pas entendu, repris dans leurs théories de l'évolution de l'espèce, de jeunes guenons qui montrent leur fente au mâle protecteur, qui gémissent de droite à gauche pour trouver à se nourrir, oui, la nature est ainsi faite, on n'a qu'à observer les singes pour le comprendre, pour conclure que les femelles aiment les plus forts, les plus riches, qu'elles doivent être jeunes pour se faire aimer, les clients me racontent leur théorie de ce pour quoi nous sommes là à faire ça, ils font de moi leur guenon alors que je regarde ailleurs, fixant mon attention sur n'importe quel détail de la pièce, une lézarde au plafond ou une motte de poils qui se déplace sur le plancher, alors que je m'explique ce qui cloche, tout bas, cette chose qui insiste et qui me lie à eux, le désastre de se retrouver là, l'un sur l'autre, l'un cherchant la bouche de l'autre et l'autre ne cherchant rien, qu'à fuir, l'un voulant que l'autre jouisse pour jouir et l'autre voulant que l'autre jouisse pour en finir, l'impossibilité de faire ce qui est fait, ce que je fais tout le temps, venir à bout de ma mère par épuisement de mes forces, coucher avec n'importe qui, avec les gros, les vieux, les laids, coucher avec mon père en attendant qu'il frappe à la porte, qu'il sache enfin ce qu'il a fait de moi, ce que j'ai fait de lui, il faut prendre le temps de leur dire, les remettre à leur place, qu'ils renoncent même s'ils bandent encore, qu'ils retournent à leur bureau, à leur famille, qu'ils se flagellent s'il le faut comme se flagellaient les curés, mais ça n'arrêtera pas, non, le prochain client est sur le point d'arriver, il est peut-être déjà en bas, dans l'entrée, à attendre l'ascenseur en bandant un peu, à se demander si je serai telle qu'on m'a décrite au téléphone, si je serai blonde, si je serai jeune, si je serai belle.

Que mon père se tue à raconter comment il est possible pour l'homme de connaître une vie pire que la sienne, pire que la vie sur cette terre, que le quotidien de ce bas monde comme il le répète avec quelque chose dans le regard qui donne un sexe au mot bas, bas comme bander, bas comme le poids des intestins qui cherchent à se vider, comme s'accroupir et faire face à ce qu'exige la vie, que mon père se raconte son enfer de métal et de feu ne signifie pas qu'il en apprécie davantage la vie, non, il la déteste pour tout ce qu'elle a à offrir qui excède les dix commandements et qui n'annonce pas de prophéties, il la déteste jusque dans l'acte de mastiquer et dans le durcissement des mamelons sous la fraîcheur de l'eau, jusque dans ces petites merveilles d'accouchements filmés sur bande vidéo et de pyramides construites pour dérouter celui qui s'y aventure, de chassés-croisés d'autoroutes qui forment des boucles et de carcasses d'antilopes laissées en plan dans la plaine par les hyènes, et puis de toute façon rien ne vaut rien de nos jours car tout a été touché par l'homme, voilà ce qu'il répète aussi, touché par ses sales mains d'athée prétentieux et ingrat qui écarte Dieu de sa découverte du monde et qui cherche son origine parmi les étoiles ou

à travers la lentille d'un microscope, il déteste la vie
comme il déteste ma mère, avec la bravoure du pèle-
rin qui chérit son fardeau et qui traîne sa démarche
de pied-bot de pays en pays, qui se penche vers l'avant
d'être trop bossu en déclarant qu'il n'y a d'espoir que
dans la petitesse.

Mais mon père a besoin de cette charge pour lui
donner une raison de plus de détester la vie, pour lui
donner une chance de plus de mériter le paradis
et d'y entrer en héros, en martyr de celui qui n'a
vu de bon que dans ce qu'il y a de pire, que dans le
renoncement à vivre avec les vivants et à danser sans
la pensée du bas monde que la vision des jambes
nues fait apparaître, et il répète qu'on ne doit surtout
pas s'abandonner au plaisir, jamais, il faut savoir
garder la tête froide, la garder là où le mal se cache
pour ne pas le perdre de vue, il faut le voir venir de
loin pour le démasquer lorsqu'on le croise, voilà sans
doute pourquoi il doit épier le corps de sa fille qui a
grandi trop vite et feuilleter les revues pornos pour la
retrouver nue quelque part avec une queue dans la
bouche, pour la démasquer et crier au scandale, je le
savais, je le savais, mais où va-t-on dans ce monde où
les pères trouvent ce qu'ils cherchent et où leurs filles
les invitent du regard, mais où va-t-on lorsqu'on
s'épuise à suivre la trace de ce qui ne doit pas être, et
voilà pourquoi il traque sa fille, pour enfin avoir le
droit de la traiter de putain. Sans doute aurait-il
mieux valu qu'il me viole alors qu'il en était encore
temps, au temps où je m'asseyais volontiers sur ses
genoux, moi et mes nattes blondes de schtroumpfette

que je ne dénouais pas encore, moi et mes chaussettes blanches qui montaient jusqu'aux genoux et
ma jupe à carreaux, les petits souliers vernis et tout
le reste, les fous rires et les câlins, oui, mieux aurait
valu qu'il me viole à ce moment de tendresse entre
un père et sa fille pour me tuer d'un seul coup
et emporter ce qui reste de ma mère, pour aller
jusqu'au bout des choses et en finir avec ce qui ne
cesse de traîner depuis toujours, les sous-entendus
de ce qui aurait pu se passer et la menace que ça se
produise enfin, enfin pour en finir avec tout, avec la
vie et l'ennui de son parcours, avec la chasse aux
putains de mon père et la puanteur du cadavre de ma
mère.

Et c'est bien vrai que mon père ne m'a jamais violée alors que j'étais sur ses genoux, les petites fesses
qui bougent sur sa queue pour trouver un point d'appui, il ne m'a pas violée mais il a fait pire, il m'a
prise sur ses épaules pour m'enseigner son point de
vue sur le monde, son point de vue qui prend plaisir
à traquer les gens heureux et à écraser les fleurs pour
l'unique raison qu'elles ont poussé dans une serre et
non selon la volonté divine, en un lieu où la nature
l'aurait commandé, le point de vue de l'homme qui
se châtie d'être vivant, il m'a transmis sa hantise du
bonheur et m'a bercée pendant des heures en m'ex-
pliquant que je ne devais pas grandir ni vieillir, que
je devais rester à jamais petite pour qu'il puisse me
transporter dans sa poche, partout où le devoir
l'appelle, en voyage d'affaires et dans les chambres
d'hôtel, dans les congrès annuels et les dîners servis

au bord de l'eau, il m'a tout raconté du malheur de vieillir, de perdre sa taille d'enfant qu'on porte sur ses épaules car ensuite on ne peut aimer les autres qu'à distance et non sur leurs genoux, et à bien y penser c'est lui qui a fait de moi une schtroumpfette, qui m'a élevée minuscule et bleue au milieu de grands champignons blancs, de forêts immenses habitées par les fées et les sorcières, c'est lui qui a choisi mon destin d'infirme attablée à ses pots de crème et à ses régimes, qui m'a installée dans une chaise roulante, mais oui, je sais bien que je peux marcher mais ce n'est que pour me pendre au cou des hommes et passer d'un lit à un autre, que pour grimper sur eux comme si j'étais encore petite, comme si je voulais qu'on me voie de plus près et ne plus toucher le sol, battre l'air de mes souliers vernis et me laisser bercer par leurs histoires auxquelles je ne crois plus car j'en ai trop entendu, de toute façon ce n'est pas important que j'y croie ou non car ce qui compte aujourd'hui est de rester petite le plus longtemps possible, ricaneuse et timide, rester là jus-qu'à ce que ma respiration soit parfaitement syn-chronisée au rythme de leurs récits, moi assise les bras autour de leur cou en fermant les yeux, moi assise la tête sur leur poitrine en attendant qu'ils me prennent avec eux et m'emmènent loin de ce que je suis devenue, grande et vieille, terne et lourde, bonne pour le lit.

Oui, il vaudrait mieux qu'ils me prennent avec eux et qu'ils me racontent à quel point je suis si petite qu'ils pourraient me cacher dans leur valise et me

faire voyager partout où il est possible de poser le
pied, au Bangladesh ou au Groenland, sur Mars ou
dans les cités perdues, mais ça n'arrivera pas, ça ne
peut pas arriver car je me fous de ces hommes qui ne
sont pas les bons, qui ne sont pas mon psychanalyste,
je me fous de leur disposition à me faire voler au bout
de leurs bras et à me traîner dans leurs bagages, dans
les meetings et les dîners d'affaires, dans toutes ces
occasions où ils pourraient me faire parader devant
leurs collègues comme si j'étais un chien de concours,
la putain de l'année, et ils le font déjà d'ailleurs sans
que j'en sois satisfaite, ils le font déjà trop et j'en suis
même dégoûtée, je ne sais pas pourquoi, parce que
maintenant je ne sais rien faire d'autre que mettre à
l'épreuve tout ce qui s'adresse à moi, je ne sais que
défier les choses jusqu'au moment où elles cassent
pour ensuite me donner raison en ayant cru au pire,
en ayant cru que tout ça n'était qu'un malentendu,
enfin que ce n'était pas pour moi mais pour une
autre, une petite rousse au visage tacheté, sans peau
d'orange à la base des fesses, enfin pour bien me
convaincre que plus rien ne m'attend ou si peu, que
le psychanalyste qui dort derrière ses lunettes, le psychanalyste que j'aimerais voir se pencher pour ramas-
ser l'argent que j'aurais jeté sur le tapis, avec le dédain
de celui qui doit payer pour quelque chose qu'il n'a
pas reçu, comme les clients le font parfois avec moi
lorsque je n'ai pas su feindre l'orgasme ou que je n'ai
pas ri aux bons moments lorsqu'ils m'ont raconté
comment ils sont devenus millionnaires, comment ils
ont couché avec les plus grandes actrices et les leçons
de vie qu'ils en ont tirées.

Voilà sans doute pourquoi je suis devenue anorexique lorsque j'étais adolescente, enfin c'est peut-
être un peu à cause de ça, des histoires de mon père,
de celui que je ne pouvais pas remettre à sa place et
dont j'attendais qu'il m'en donne une, c'est sans
doute à cause de ses histoires où il m'imaginait dans
ses valises et de sa mise en garde contre les risques
de grandir, de perdre l'amour des vieux car ils détes-
tent reconnaître chez leurs enfants leur propre
misère, et quand j'ai eu douze ans j'étais déjà devenue étrangère à moi-même, à cette chair mûrissante
qu'on avait dû confondre avec une autre à la pou-
ponnière, comme dans l'histoire du bébé de l'un
aboutissant dans la famille de l'autre, de la surprise
d'une peau noire ou de cheveux roux là où on ne s'y
attendait pas, là où c'est improbable, et à douze ans
je me suis perdue dans mes contes de fées et mes
rêveries de jumelles identiques qui vivent l'une pour
l'autre, qui s'habillent de la même façon et qui s'envoient des clins d'œil sous le nez des gens pour bien
marquer qu'elles excluent tout du monde qui ne
vient pas d'elles, et à bien y penser je suis devenue
anorexique le jour où mon sexe est venu à bout
de mes nattes et de mes souliers vernis, des jeux de
marelle et des prières du soir, d'ailleurs je le suis toujours quoique le mal se soit déplacé, il est passé d'un
miroir à un autre, d'une nécessité à une autre, du
corps à faire maigrir au corps à recouvrir de lingerie,
et ce corps qui n'est plus celui d'un enfant ni tout à
fait celui d'une femme n'est toujours pas le mien, il
ne le sera jamais car quelqu'un l'a gardé avec lui, il

est roulé en boule sur les genoux de mon père, il est encore là tout petit à gigoter au fond de sa poche ou dans une chaise roulante à rouler sur ses plans d'affaires, d'ailleurs il a toujours été ailleurs, voilà pourquoi je le donne à qui le veut et même à ceux qui n'en veulent pas, je le traîne un peu partout sur les vélos stationnaires des gymnases et sous les ultraviolets des salons de bronzage, j'en fais tout ce que je peux dans l'espoir de le retrouver un jour dans une revue de maillots de bain, étalé là cent mille fois dans tous les kiosques à journaux de tous les pays du monde, et puis j'en ai assez de chercher la raison de mes va-et-vient entre les vomissements et les clients, entre l'anorexie et la putasserie, j'en ai assez de connaître la logique de leur coïncidence, enfin de comprendre comment je fais toujours la même bêtise, et puis de toute façon vous ne verrez jamais ce que je vois ni ne saurez à quel point il est impossible de sortir d'un réseau qui n'est formé que d'un seul point, d'une chose unique et bête qui ne me regarde pas car elle est faite de ce qui ne s'est pas produit, et jamais je ne pourrai aller plus loin que je le suis maintenant, alors mieux vaut piétiner encore en peu en attendant de ne plus savoir bouger, de ne plus avoir la force de m'agenouiller à tout propos, devant un homme ou une cuvette, peu importe, du moment que je suis plus petite, seulement un peu, du moment que je peux fermer les yeux sur ce qui entre dans ma bouche ou sur ce qui en sort.

Et c'est ainsi que ma vie fut remplie de la mise en détails de mon corps dont rien ne m'échappait, pas même le petit bouton rouge au milieu du dos que je n'aurais pas su toucher du bout du doigt, pas même le poil blond perdu dans la toison noire de mon pubis, c'est ainsi que j'ai commencé à calculer tout de la nourriture que je prenais jusqu'à ce que ma vie se résume à une pomme que je ne parvenais pas à manger convenablement, du moins pas selon la liste des contraintes que je ne finissais plus de rallonger, que je m'imposais tout en sachant que je ne m'en sortirais jamais, que nul ne peut se sortir d'un univers où la règle est une motivation, et mes journées en devenaient un repas interminable où tout devait être suivi à la lettre de peur de manger trop vite et de ne plus savoir m'arrêter, de peur d'associer la nourriture à quelque plaisir que ce soit, à la gloutonnerie de mon père que je n'ai jamais osé regarder lorsque nous étions à table car les bruits qui sortaient de sa bouche ressemblaient trop aux halètements de celui qui jouit, et je questionnais chaque bouchée pour bien me vider la tête de ce que j'aurais dû être en train de faire, ricaner avec des copines en papotant de garçons et de maillots de bain ou encore fumer un premier joint derrière l'école secondaire, je tenais compte de tout et surtout des nombres qui devaient être impairs, tous, je surveillais la forme et la taille de ma bouche laissée dans la pomme qui devait être ronde et nette, sans irrégularités ni taches brunes sous la pelure, et ensuite je devais mastiquer en silence chaque bouchée un nombre impair de fois, il fallait bien sûr que chaque bouchée soit parfaite, que la mastication et la déglutition soient impeccables, sans compter le goût et ce que je pensais sur le moment, je ne devais pas penser à une scène horrible ou dégoûtante en mangeant, je ne devais pas évoquer les latrines chimiques du terrain de jeux ou le chat mort sous une couche de glace sur laquelle je patinais quand j'étais petite, et il ne fallait surtout pas sentir un morceau se coincer entre les dents ou qu'une odeur désagréable vienne se mêler à l'odeur de la pomme, il fallait en manger une ou trois ou cinq, jamais deux ou quatre, je devais croquer treize ou quinze ou dix-sept fois, et vous ne me croirez pas mais il fallait aussi calculer le temps que je prenais pour en finir avec toutes ces opérations, je calculais les minutes qui devaient également donner un nombre impair, trente-trois ou trente-cinq minutes, et ça pouvait durer des heures, toute une semaine, des siècles à me battre contre un fruit que je ne devais pas voir brunir pendant que je le tenais entre mes mains, non, il fallait que la pomme reste croquante et blanche du début à la fin, et comme il était impossible de contrôler tout de cette pomme qui m'échappait chaque fois là où mon attention n'avait pas été soutenue, comme j'avais toujours des doutes sur le nombre exact des bouchées prises ou sur la qualité de la mastication ou de la déglutition ou des pensées ou des odeurs qui flottaient à ce moment-là, je devais recommencer une autre fois pour être sûre, impérativement trois ou treize ou trente-trois fois, bien entendu après avoir vomi avec la même rigueur, dans une cuvette toute blanche et inodore en comptant le nombre de jets renvoyés qui devait également être impair, et pourquoi fallait-il que tous les nombres soient impairs dans ce système à rendre fou le plus fort des hommes, je ne saurais pas le dire, à bien y penser, c'est peut-être parce que je suis restée enfant unique, enfin presque, parce que j'étais une ou trois avec mes parents et mes parents n'ont jamais été deux pour moi car ils ne s'embrassaient pas, ils ne se parlaient pas ou se parlaient en ne se regardant pas, ils ne se parlaient que pour déterminer l'heure des repas et même pas après tout car ma mère n'avait rien à dire sur ce que décidait mon père, il n'y avait donc que trois mots à prononcer, dix-huit heures ou dix-neuf heures, et dire trois mots ne s'appelle pas parler, alors comment aurais-je pu deviner qu'il fallait être deux pour faire un enfant, comment aurais-je pu savoir qu'il fallait bien que leur présence à mes côtés les concerne eux bien avant moi.

Voilà sans doute pourquoi je ne peux pas supporter de voir s'embrasser les couples, chaque fois je détourne la tête en me disant que non, ça ne durera pas, ça ne peut pas durer, et si j'en pleure parfois c'est qu'il n'y a pas d'endroit dans ma tête pour concevoir la paire, je ne peux pas imaginer un homme et une femme s'embrassant sur un banc public ou dans une gare, les deux accrochés l'un à l'autre comme s'il n'y avait d'important dans la vie que ces clichés de gens qui s'aiment, aimer vraiment c'est oublier le reste, c'est se foutre des témoins à la ronde qui n'ont pourtant rien demandé, c'est rire de la femme là-bas qui pleure de se découvrir seule, qui meurt de devoir changer de trottoir à tout instant, non, les couples n'existent pas, ça ne peut pas exister car il y aura toujours une putain pour venir mettre du sien dans leurs baisers et s'installer quelque part dans l'esprit des hommes pour les faire bander, il y aura toujours une trace de rouge à lèvres sur un col de chemise négligemment jetée dans le panier à linge, les couples n'existent pas et c'est moi qui l'ai décidé, je ne veux pas de cette logique du je suis à toi et du tu es à moi, je n'en veux pas et je changerai de trottoir autant de fois qu'il le faudra, je détournerai les yeux pour nier tout de ce qui se passe sur la banquette arrière des voitures, et croyez-moi j'aurai fait éclater le rétroviseur avec mes poings bien avant d'avoir pu en voir quelque chose.

Et pourtant, on m'a appris très tôt que les couples aiment partager la même chambre et dormir dans le même lit, qu'ils font les choses à deux et marchent main dans la main le dimanche après-midi lorsqu'il fait beau et que les enfants sont couchés, qu'ils vont le soir au cinéma voir un film, la tête de l'un sur l'épaule de l'autre, qu'ils doivent se rejoindre en une partie de leur corps dans tout ce qu'ils font de peur qu'on les prenne pour frère et sœur ou pire encore, pour père et fille, et ainsi font-ils parader leur couple au restaurant où ils jouent des pieds sous la table et au lit où ils font l'amour bruyamment, où ils crient à l'adresse des voisins pour bien leur signifier qu'il fait bon jouir lorsqu'on est entendu, pour que les voisins puissent imaginer la scène et pour les y amener, l'oreille bien collée sur le mur et la main qui s'active dans un pantalon dont on a à peine dénoué la ceinture, d'ailleurs mes parents dormaient aussi dans le même lit, qui me semblait exorbitant car il prenait toute la place dans la chambre, il est vrai que s'ils dormaient ensemble ils avaient pris l'habitude de laisser entre eux autant d'espace que possible, l'un à droite et l'autre à gauche, ma mère à gauche et mon père à droite, il y avait entre eux cette frontière à ne pas franchir grande comme une troisième personne qui indiquait que quelqu'un aurait dû se trouver là, quelqu'un qui aurait pu surgir à tout instant pour réclamer son dû, pour reprendre sa place entre mes parents, c'était une place qu'on sentait sacrée et qu'ils ne pouvaient occuper qu'une fois le sommeil bien installé, qu'une fois disparue la conscience de la présence de l'autre, et peut-être se rejoignaient-ils au milieu de la nuit, quelque part dans le miasme de leurs rêves, le genou de l'un touchant la jambe de l'autre, peut-être se côtoyaient-ils ainsi sans le savoir mais j'en doute, ils auront protégé l'intimité de leur sommeil jusqu'à ne plus pouvoir s'endormir, et sans doute devaient-ils garder un œil ouvert ou se réveillaient-ils en sursaut au contact de l'autre, le cœur qui bat à toute vitesse d'avoir été en danger, d'avoir vu la mort de près alors qu'on la savait de l'autre côté du lit, prête à s'avancer au moindre relâchement, et ensuite ils devaient rester en alerte jusqu'à l'aube, assis dans leur lit sans faire de bruit pour voir venir l'ennemi de loin et fuir au premier mouvement, mais qu'est-ce que ce bras qui fouille sous l'oreiller, et que veut cette tête qui bouge sans arrêt, et avec les années ils n'ont peut-être plus eu à faire le guet dans leur sommeil car leurs déplacements se seront mis au service de la nécessité, de la précieuse économie de leur énergie vitale qui les aura portés chacun de leur côté jusqu'à dormir dans le vide ou presque, le visage tourné vers l'extérieur et un bras qui tombe en bas du lit.

Il y avait donc cette place entre eux qui m'ouvrait les bras pour que je la remplisse de ma personne, et si je l'ai prise c'est peut-être pour m'assurer qu'ils n'auraient entre eux aucun lien qui ne passerait pas par moi, parce qu'il fallait que je sois pour eux ce qu'ils ne pouvaient pas être l'un pour l'autre, voilà donc une place pour moi ai-je sans doute pensé dans ma tête d'enfant qui croyait pouvoir influer sur la pluie et le beau temps, voilà une place pour moi ou pour un visiteur de la nuit, pour le fantôme de ma sœur, et ainsi j'ai dormi dans le lit de mes parents pendant des années, je m'y suis installée dès que j'ai pu marcher, jusqu'à mes dix ans peut-être, j'ai pris cette place de trop dans leur lit car il fallait bien que je porte sur moi tout ce qui les séparait, et lorsque de mon petit lit à pois roses je les entendais se coucher, toujours vers dix heures du soir, j'entrais sans bruit dans leur chambre et je m'allongeais toute petite au milieu d'eux, le visage tourné vers mon père ou vers ma mère, le plus souvent vers mon père car ma mère ne supportait pas de me voir près d'elle et me chassait d'un signal qui n'était pas un mot mais plutôt un bruit, elle sifflait à mon adresse comme on siffle les chats pour les empêcher de grimper sur la table ou de jouer avec les plantes, en serrant les dents et en s'apprêtant à passer aux coups au cas où ils n'obéiraient pas, et sans doute ne voulait-elle pas que je dorme avec eux mais là n'était pas l'avis de mon père, elle ne dérange personne et bouge à peine disait-il, elle deviendra le mur dont j'ai besoin pour me protéger de toi taisait-il aussi, et si ma mère n'avait pas déjà été une larve elle aurait pu insister et me pousser avec les pieds en bas du lit en me crachant au visage comme le font les femelles lorsqu'elles se disputent un mâle, elle aurait pu rendre inutile d'un coup de griffes cette jeunesse qui l'a trahie et qui intéressait tant mon père parce qu'il pouvait la manier, la tenir à bout de bras et la pendre par les pieds pour la faire tourner sans prendre garde aux meubles qui pourraient se dresser sur son passage et lui fracasser le crâne, il s'y intéressait sans doute pour s'en exciter, pour bander des petits cris effrayés de celle qui devra apprendre à se méfier de la force des autres car on pourrait bien un jour la lancer sur un mur ou l'étrangler avec les pouces, oui, ma mère aurait pu bien des choses pour me congédier de chez elle au nom de l'image du couple qu'il fallait préserver faute d'en être un, elle aurait pu mais elle ne l'a pas fait, elle ne l'a pas fait et pourtant elle aurait dû, elle aurait dû me mettre hors d'état de nuire et me donner la chance d'être normale, de vivre une vie de femme avec un homme, un seul et pas mille, un homme qui ne serait pas mon père et qui ne m'empoignerait pas les cheveux pour faire varier le rythme auquel je le suce, elle aurait pu se donner la chance d'avoir une vie et de faire l'amour dans un lit qui n'aurait pas déjà été occupé par une autre, et qui sait, peut-être ne serais-je pas devenue putain, comment s'en assurer, et puis de toute façon mon père ne l'aurait pas touchée même si je n'avais pas été là, même si toutes les femmes du monde étaient mortes d'un seul coup, laissant ma mère régner seule sur le désir des hommes, je le sais car la place était libre bien avant que je la prenne, voilà tout le drame, ce qui me tue m'attendait bien avant que je naisse, et voyez-vous il est trop tard pour expliquer ce qui a eu lieu ou pas entre mes parents parce que j'étais là ou pas, il est trop tard pour parcourir à rebours les réflexions qui me lient à ces clients qui veulent m'enculer parce qu'ils ne peuvent pas le faire avec leur femme, enfin qui veulent faire avec moi tout ce qu'ils ne font pas avec leur femme, d'ailleurs je ne veux pas reprendre du début tout ce à quoi ma mère n'a pas eu droit, ces envies de sodomie que mon père n'a pas eues pour elle.

Et puis à qui devrais-je demander pardon au juste, ça non plus je ne le sais pas, à ma mère peut-être mais ce n'est pas certain, comment pourrais-je me faire pardonner de lui avoir creusé un ventre qui ne l'a plus quittée depuis et de lui avoir pris l'attention des hommes, comment pourrais-je me faire pardonner d'avoir reçu en retour tout ce qu'elle a perdu, un corps frais et sans marques et un homme pour le détailler, pour le soupeser et le faire planer dans un lit en jouant à l'avion, moi le petit ange au dos arqué qu'il faisait osciller sur la plante de ses pieds en imitant le bruit d'un moteur, de l'avant à l'arrière et de droite à gauche, vroum vroum en tenant fermement mes mains dans les siennes, de toutes petites mains qu'il appelait menottes car à cet âge ce n'étaient pas encore de vraies mains, d'ailleurs rien n'était vrai

dans ce corps qui allait un jour flétrir sous les rougeurs et les morsures de clients pressés d'en finir,
rien n'était à jeter car je n'avais pas encore l'odeur ni
le profil obscène de la femme mûre, je ne connaissais
pas la sueur, les hormones et les règles, enfin le trop-
plein qui sort de partout et qui donne au visage un
air usé, qui rend la silhouette incertaine et prostrée,
non, je ne connaissais rien, et comment pourrais-je
me faire pardonner de ne pas avoir été du côté de ma
mère, de son côté du lit et de sa misère de mère
morte quitte à en avoir pris des coups, j'aurais dû me
cacher sous le lit sans faire de bruit en laissant mes
parents là-haut libres de s'ignorer, j'aurais dû dès le
début ne plus être une enfant et me lier à cette
femme vidée de ce qu'on montre à tue-tête sur les
calendriers recouverts de taches d'huile et d'em-
preintes de doigts de garagistes, j'aurais dû lui jurer
fidélité, jurer sur la tête de toutes les femmes trahies
par leur fille de faire le deuil d'avoir un jour un sexe
rasé de poupée increvable, d'avoir des seins en pierre
et une bouche à jamais ouverte sur tous les pères de
la terre, sur ce père qui est le mien et qui me détaille
encore aujourd'hui, qui mine de rien cherche toujours la démarcation de mes mamelons à travers le
tissu de mes vêtements et qui aimerait peut-être que
je lui donne une fille pour pouvoir la faire planer au-
dessus de lui en lui tenant les menottes, ce père qui
aimerait sans doute me donner une fille pour que
je puisse la chasser et le laisser recommencer ce
manège sur dix générations jusqu'à ce qu'on s'entre-
tue de ne pas se reconnaître, et puis de toute façon il
ne sert à rien de se mettre à genoux devant ma mère

ou qui que ce soit d'autre car il n'y a rien à pardonner, voilà le plus triste, tout a été voulu par
moi, mon père et aussi ma mère, il n'y a rien à
pardonner car la vie est ainsi faite, le reste n'est
que lâcheté et jalousie, alors mieux vaut se raconter
la vie des couples comme on la voit au cinéma, la tête
de l'un sur l'épaule de l'autre, mieux vaut se remplir
la tête de scénarios de triomphe et d'honneur et
fermer les yeux sur la vie qui passe, celle des voisins
qui baisent en jouissant d'être entendus et de leurs
enfants qui entrent sur la pointe des pieds dans la
chambre.

Et lorsque de temps à autre je dormais dans mon
petit lit de schtroumpfette entourée de mes poupées
qui ouvraient et qui fermaient les yeux selon qu'elles
étaient assises ou couchées, mes poupées-la-terreur
comme je les appelais, Mimi ou Mika-la-terreur qui
m'empêchaient de dormir car je croyais qu'elles
allaient me mordre dès que j'aurais le dos tourné, dès
que j'aurais les yeux fermés, la terreur des yeux de
verre et des nattes qui tombent jusqu'aux chevilles,
de la robe rose à tablier blanc et des chaussettes
blanches dans de petits souliers noirs, lorsque pour
une raison que j'ignore mon père ne voulait pas que
je dorme avec eux, moi au milieu et eux tout autour,
j'allais me coucher dans le couloir tout près de leur
chambre et de là je pouvais entendre ma mère, j'entendais sa voix qui me rendait folle car je n'avais pas
l'habitude de l'entendre dans aucune autre circonstance, parce que cette voix que je n'entendais jamais
autrement ne s'adressait pas à moi, surtout pas, mais

oui ils baisaient, je le sais maintenant et j'aurais dû le
savoir à ce moment de devenir folle, j'aurais dû le
comprendre et quitter la maison pour toujours, avec
un baluchon rempli d'une pomme et d'une poire, partir avec mes nattes qui me tombaient dans le dos et
ma jaquette fleurie qui traînait par terre, j'aurais dû
incendier la maison pour mettre un terme à ce que je
n'arrivais pas à imaginer, je veux dire à comprendre
que je n'y étais pour rien, que ça ne me regardait pas,
et je crois bien que je le savais de toute façon, je
savais que ce qu'ils faisaient ne me concernait pas,
qu'ils étaient en train de m'oublier au point d'en
gémir d'aise, et savez-vous qu'aujourd'hui encore,
enfin parfois, je me réveille la nuit au son d'une voix,
j'entends une voix de femme qui rit que je ne sois pas
là et que ça ne me concerne pas, je l'entends jouir
aussi et ça me rend folle, et si j'en perds la tête c'est
que je n'y peux rien ou si peu, que me lever de mon lit
et tout allumer, les lumières et la télé, arpenter mon
appartement comme si j'allais y trouver quelqu'un,
une femme cachée là dans le placard pour me rendre
folle, pour pousser des cris la nuit comme le font les
hiboux, je suis malade d'être encore couchée dans le
couloir, l'oreille collée à la porte de la chambre de
mes parents.

Et pourquoi est-ce que les voix que j'entends sont
toujours des voix de femmes, sans doute parce que les
hommes n'ont pas besoin de se donner en spectacle, il
n'y a que les femmes pour souhaiter réveiller les voisins de leurs cris, pour vouloir les exciter de leur puissance à faire entendre ce qu'on leur fait, écoutez-moi

comme je sais jouir, écoutez combien il n'y a que moi qu'on puisse entendre, comment je suis la seule ici qui sache faire bander, et si je ne suis pas la seule, je suis quand même la plus forte, la plus bandante, vous n'avez qu'à tendre l'oreille pour vous en convaincre, qu'à doucement vous laisser aller à ma rencontre, vous n'avez qu'à vous imaginer en loup pour que je devienne le petit chaperon rouge, la petite blonde au grand capuchon toute nue sous sa cape rouge, les lèvres fardées de rouge et les nattes qui volent en tous sens sous les coups de reins, les yeux révulsés et la bouche entrouverte, le dos cambré et les fesses bien hautes offertes en petit chien, la petite culotte blanche déchirée sur la fente qui appelle à l'aide, au secours, que quelqu'un m'entende et me trouve, que quelqu'un sache que je suis là à prendre des coups par-derrière alors que ma grand-mère attend toujours ses petits pots de beurre, qu'on s'attroupe autour de moi comme le font les hyènes autour d'un festin laissé par les lions, qu'on observe bien que ce qu'il ne faut pas faire arrive tous les jours dans les bois, et ça arrive alors que les enfants sont tout entiers à leurs jouets, à leurs allures de gambader dans l'insouciance de ce qui se cache derrière les buissons, de ce qui épie depuis l'autre côté d'un arbre, oui, qu'on regarde bien car il n'y a rien d'autre à faire ou si peu, que souhaiter être soi-même un loup pour traquer à son tour les petites filles qui rougissent en pensant qu'il n'est pas convenable de montrer sa petite culotte, qu'il faut prendre garde à la jupe trop courte qu'on a négligé de remplacer, on ne peut que bander en se disant que c'est bien ainsi, que c'est la vie, vous voyez bien qu'on n'en sort pas, qu'on ne peut pas en sortir, on ne peut rien contre ce qui arrive si quotidiennement derrière chez soi, derrière une porte et chez les voisins, ce sont des choses qui arrivent à ce qu'on dit et qui font tourner le monde, de vieilles choses du plus vieux métier du monde que j'ai du mal à nommer car elles se répètent partout où on pose les yeux, dans les leçons de grammaire qu'on apprend par cœur pour se faire aimer des professeurs et dans les pommes frottées sur une manche de chemise qu'on dépose sur leur bureau, derrière les tentures qu'on n'a pas fermées dans l'espoir d'être vue au bout d'une lunette d'approche et dans les cernes jaunâtres qui donnent une histoire aux draps du lit, elles se produisent quoi qu'on fasse et quoi qu'on en dise, et puis de toute façon il n'y a rien à faire et je l'ai déjà dit, on ne peut qu'en jouir ou en pleurer, on ne peut que le faire soi-même en disant des enfants qu'ils sont toute notre joie, qu'ils sont la prunelle de nos yeux et qu'il faut savoir leur enseigner la vie de peur de voir un autre s'en charger.

Voilà pourquoi les femmes crient dans les films porno, voilà pourquoi les clients me demandent de crier, de gémir pendant le parcours de leur langue sur ma fente, et ils n'ont même pas besoin de me le demander car ça va de soi, il faut crier sinon rien ne va plus, le va-et-vient s'arrête parce qu'on ne jouit pas, mais qu'est-ce que tu as, pourquoi ne cries-tu pas, pourquoi ne jouis-tu pas, je n'en sais rien et puis d'ailleurs qu'est-ce que vous savez de ma jouissance, vous n'en savez rien, vous ne savez pas que je peux jouir en silence ou crier sans jouir, vous ne savez pas

que c'est aux femmes que les femmes mentent, et
puis ce n'est pas important ce qu'ils savent ou pas,
ce qu'ils croient ou pas, ce qui compte est la putasserie des femmes à mouiller d'être la seule qui soit
audible, la seule qui sache faire de sa voix de la
poudre aux yeux, l'important est leur habitude d'embrasser une autre femme pour bien montrer qui est
la plus belle des deux, toujours, leur nature de tenir
les autres à distance et d'amener à elles les hommes,
d'entrouvrir la porte de leur chambre pour qu'on ne
puisse pas y entrer mais seulement regarder, faire
bailler les tentures pour qu'on les voie se dénuder et
être les seules à y être autorisées, mais maman pourquoi est-ce que je ne peux pas voir papa tout nu et
pourquoi lui peut-il te voir toute nue, voilà des questions auxquelles je n'ai jamais eu de réponse, enfin
on m'a peut-être répondu que je n'y avais pas droit
parce qu'ils étaient mon papa et ma maman, que les
papas et les mamans peuvent bien se voir nus s'ils le
désirent mais pas les enfants parce qu'ils sont trop
petits, parce que leurs yeux sont trop grands, enfin
on m'a sans doute dit quelque chose de ce genre
mais ça n'a pas suffi ou je n'en avais pas envie, je
veux dire de cette réponse, voilà pourquoi je me tiens
des discours à haute voix qui tournent en rond sur le
même problème, toujours, qui racontent sans cesse
la tragédie d'un homme et d'une femme nus dans un
lit, et d'ailleurs les réponses ne servent à rien lorsqu'on ne se pose pas les bonnes questions, ça aussi
je l'ai déjà dit, il aurait fallu que je leur demande
pourquoi moi j'étais là dans leur lit à les regarder
se voir nus, pourquoi moi je devais être là à les

entendre de l'autre côté de la porte se chuchoter combien ils étaient seuls tous les deux, seuls au monde à se raconter leurs chuchotements qui me révélaient qu'ils voulaient être entendus sans être compris, voilà pourquoi je me réveille la nuit au son d'une voix, pour ne pas perdre un mot de ce qui se dit lorsque je ne suis pas là, pour enfin surprendre ce qui les tient en vie alors qu'ils me croient ailleurs.

Et qu'ils se chuchotent leur contentement d'être seuls ne voulait pas dire qu'ils s'aimaient vraiment, à bien y penser, je crois qu'ils ne se sont jamais chuchoté quoi que ce soit, il ne se sont rien murmuré du tout dans la salle de bain qui jouxtait leur chambre à coucher, cette pièce faite de carreaux roses spécialement pour eux et qui m'était interdite, je les ai entendus un soir depuis leur lit en pleurant sous les couvertures, et à bien y penser ma mère a dû demander à mon père de lui passer le savon et mon père a dû lui répondre qu'il n'y en avait plus, qu'elle aurait dû en acheter, que d'ailleurs elle n'avait que ça à faire, et ils devaient ainsi s'entretenir à voix basse de leur inaptitude à faire les choses, ils devaient s'envoyer leurs ratages à cris feutrés au lieu de se savonner l'un après l'autre ou l'un sur l'autre, le dos en premier et ensuite les seins, l'intérieur des cuisses et ensuite le sexe, ils devaient faire tout ce qui leur était possible de faire sauf se parler d'amour, ça je ne le crois pas, ça je ne le veux pas, et même s'ils s'attendrissaient d'être nus dans une salle de bain à se savonner, même s'ils se chatouillaient les mamelons du bout de la langue, ils n'auraient pu le faire qu'en fermant les yeux et en imaginant un autre à la place de l'autre, qu'en se représentant chacun pour soi un monde parallèle où ils ne seraient plus mari et femme, ils devaient fermer les yeux sur un autre lieu et une autre histoire, un autre nom et un autre corps, ils devaient se tenir seuls dans un coin à se masturber sur les pots de crème en faisant mine de se laver, non, ils n'auraient pu le faire qu'en s'écartant de ce qui n'arrivait pas à s'installer entre eux, la complicité de ceux qui savent rire des défauts de l'autre, qui s'émeuvent des queues à moitié bandées et des seins qui pendent, et il fallait bien que j'entende des voix là où ils ne se parlaient pas, il fallait bien que je les croie face à face alors qu'ils se tournaient le dos en se pressant d'en finir avec leur toilette, il le fallait bien car je devais comprendre pourquoi je pleurais d'être seule dans leur lit à me raconter des histoires de pauvresses et d'orphelines, pourquoi j'avais la tête entre les genoux en me berçant de l'avant à l'arrière et de droite à gauche, en tambourinant le matelas de mes pieds comme le font les folles lorsqu'elles en ont assez d'avoir du temps à perdre, lorsqu'elles ont trop de journées devant elles pour penser qu'elles ne savent plus vivre, et depuis je n'ai jamais cessé de trembler en face de ceux qui s'aiment, en face de leur comédie de s'aimer sur un banc public, et j'aurai toujours mes genoux, mes poings et mes pieds pour me protéger du malheur des autres, il y a trop d'espace entre eux pour que je n'y sois pas, trop de silence pour que je puisse dormir, il y a trop de dos pour que j'arrive à croire que c'est ça la vie, un long monologue de pieds qui tambourinent sur ce qui n'a pas été fait.

Et c'est la tête entre les genoux que j'ai aimé tous les hommes de ma vie, que j'aime mon psychanalyste qui ne voit pas mon corps s'agiter sur le divan lorsque j'ai la nausée de répéter ma mère qui larve et mon père qui jouit, lorsque j'ai envie de me redresser pour lui montrer que je ne suis pas qu'une voix et qu'un seul coup de griffes peut bien en dire autant que dix ans de bavardage sur ce qui se cache derrière les mots, que les marques qu'elles laissent n'ont rien à envier à la rage de l'enfant qui réclame le sein de sa mère, d'ailleurs qui sait s'il ne dort pas la tête entre les mains en me rêvant nue dans une salle de bain, qui sait s'il ne se masturbe pas en silence pour donner un peu de vie à mes récits, voilà ce que je ne saurai jamais, voilà ce que je n'ai pas le droit d'entendre, et si je le savais, qu'arriverait-il, que deviendrait-on si je le surprenais la main calée au fond de son pantalon et que je prenais sa queue dans ma bouche, combien de temps à vivre nous resterait-il si je la promenais de bas en haut et de droite à gauche, combien de temps avant la jouissance, avant la fin du monde de la foudre qui frappe, eh bien je ne le sais pas non plus, et peut-être qu'il vaudrait mieux que ça arrive après tout, peut-être que je meure qu'il ne se passe rien entre nous et que nous aurons à rejouer la scène de mes parents dans la salle de bain, à mettre enfin des gestes là où il n'y a eu que mes larmes, peut-être vaudrait-il mieux se faire face et se parler d'amour, s'affronter dans l'eau du bain et cha- touiller ce qui nous tombe sous la main, il vaudrait mieux que nous soyons l'espace d'un moment le client et la putain, le temps d'une séance celui qui paye et

celle qui se donne, il faudrait que les rôles soient changés le temps qu'il referme ses livres et qu'il devienne
un homme dans mes bras, mais ça n'arrivera pas, une
dernière fois, ça ne peut pas arriver car ces choses-là
ne se produisent jamais lorsqu'on est moi, lorsqu'on
interpelle la vie du côté de la mort.